순복음 신앙의 기본 교리서

순복음의 12대 핵심진리

_____님께 드립니다.

예수 그리스도의 충만한
복음을 깨닫고 순전한 신앙을
갖게 되시기를 소망합니다.

이영훈

머리말

순복음이란

　우리나라에 오순절 선교사가 들어온 지 백년이 되어갑니다. 그동안 오순절 신학에 기초한 순복음 신앙은 이 땅에 깊숙이 뿌리를 내리고 자라면서 많은 열매를 맺었습니다. 순복음교회가 속한 기독교대한하나님의성회는 한국교회의 4대 주요 교단으로 손꼽힐 만큼 크게 성장했고, 순복음 신앙이 강조하는 성령운동도 이제는 교단의 장벽을 넘어 한국교회 전체로 확산되었습니다.

　이렇듯 순복음 신앙이 널리 알려지면서 '순복음이란 무엇인가?'에 관해 질문하는 사람도 많아졌습니다. 순복음은 'Full Gospel'을 번역한 말입니다. 'Full Gospel'은 성경을 있는 그대로 받아들이자는 취지에서 사용되기 시작한 용어입니다. 그렇기에 Full Gospel은 '충만한 복음', 즉 성경 전체의 내용을 온전히 믿고 받아들인다는 의미를 갖습니다. 한국에서는 기독교대한하나님의성회 교단 설립 초기에 Full Gospel을 '순(純)복음'이라고 통역한 이후로 지금까지 이 용어가 그대로 사용되고 있습니다.

오늘날에도 적지 않은 크리스천이 예수 그리스도의 복음을 부분적으로 믿고 이해하는 경우가 있습니다. 복음을 영적인 영역으로 한정하거나 왜곡된 내용으로 알고 있어서 신앙생활을 하면서도 주님이 주시는 참된 평안과 기쁨을 누리지 못하는 것입니다. 그러나 예수 그리스도의 복음은 완전한 복음입니다. 복음은 우리의 영혼을 살릴 뿐만 아니라 마음의 상처를 보듬어 주고 인생의 모든 문제를 해결해 줍니다. 우리 구주 예수님이 십자가에서 영혼 구원과 육체적 질병의 치료와 환경적 저주로부터의 해방을 모두 포함하는 전인적 구원을 이루셨기 때문입니다.

저는 이러한 순복음 신앙을 제대로 알리고 교육하기 위해 『순복음의 12대 핵심진리』를 펴내게 되었습니다. 이 책을 통해 순복음의 성도를 비롯한 많은 사람이 예수 그리스도의 십자가 대속의 결과로 주어진 전인 구원의 충만한 복음을 깨닫고 '순(純)복음 신앙', 성경 중심의 순전한 신앙을 갖게 되기를 바랍니다. 그리하여 우리 모두 예수 그리스도 안에서 참된 만족과 위로를 얻게 되기를 간절히 소망합니다.

여의도순복음교회 담임목사
이영훈

차례

머리말 **순복음이란** _ 04

Part 1. 순복음의 삼중축복

제1강 영혼이 잘되는 축복   13
    1. 영혼이 잘된다는 의미 _ 15
       영혼이란 / 하나님과의 친밀한 관계 상실 / 하나님과의 관계 회복
    2. 영적 축복의 중요성 _ 20
       가장 근본적인 문제 / 하나님의 최고 관심사
    3. 영적 축복을 받는 비결 _ 22
       회개 / 말씀 / 성령충만

제2강 범사가 잘되는 축복   29
    1. 저주와 축복 _ 31
       저주의 원인 / 저주의 속량 / 형통의 복
    2. 복을 주시는 하나님 _ 35
       기복신앙 / 축복신앙 / 성경에 나타난 축복
    3. 범사에 축복받는 비결 _ 39
       근면과 성실 / 온전한 헌금 / 나눔

제3강 강건함의 축복   45
    1. 질병과 고통의 원인 _ 47
       죄로 인하여 / 마귀의 역사로 인하여 / 하나님의 영광을 위하여
    2. 치유의 근거 _ 51
       죄를 대속하신 예수님 / 마귀의 일을 멸하신 예수님 / 절대 긍정의 믿음
    3. 강건함의 축복을 누리는 비결 _ 57
       믿음의 기도 / 거룩한 삶 / 봉사와 헌신

Part 2. 순복음의 7대 신앙

제4강 갈보리 십자가 신앙   67
1. 죄로 인해 타락한 인간 _ 69
불순종의 죄 / 죄의 형벌 / 죄와 사망의 권세 아래 처한 인간
2. 예수 그리스도의 십자가 구원 _ 73
영원한 속죄 / 예수님의 부활
3. 거듭남의 은혜 _ 77
거듭남의 의미 / 회개와 믿음 / 거듭남의 결과

제5강 오순절 성령충만의 신앙   85
1. 오순절 성령강림 사건 _ 87
오순절의 의미 / 오순절 성령강림 사건 / 오순절 성령강림의 의의
2. 성령님은 누구신가? _ 91
하나님이신 성령님 / 인격을 지니신 분 / 성령님이 하시는 일
3. 성령충만한 신앙생활 _ 94
성령침례 / 성령충만 / 성령의 은사 / 성령의 열매

제6강 땅끝까지 전하는 신앙   105
1. 복음 전파의 사명 _ 107
예수님의 복음 전파 / 제자들의 복음 전파 / 예수님의 지상 명령
2. 성령님의 권능과 인도 _ 114
능력 있는 복음의 증인 / 성령님의 인도하심
3. 전도자가 받는 축복 _ 119
전도의 기쁨 / 빛나는 영예 / 자랑스러운 면류관

제7강　좋으신 하나님 신앙　　　　　　　　　　　　　123
1. 좋으신 하나님의 성품 _ 125
하나님의 사랑 / 하나님의 공의 / 하나님의 완전
2. 좋으신 하나님의 역사 _ 130
하나님의 창조 / 하나님의 구원 / 하나님의 심판
3. 우리를 향한 하나님의 뜻 _ 135
선을 이루시는 하나님 / 복 주시는 하나님 / 함께하시는 하나님

제8강　병을 짊어지신 예수님 신앙　　　　　　　　　143
1. 질병을 대속하신 예수님 _ 145
이사야 선지자의 예언 / 예수님의 치유 사역 / 십자가에서 완성된 치유 사역
2. 치료와 회복의 은혜 _ 151
병 고치는 권능 / 복음 전파를 위한 표적
3. 치료자 예수님을 믿는 신앙 _ 155
예수 보혈의 능력 / 예수 이름의 권세

제9강　다시 오실 예수님 신앙　　　　　　　　　　　163
1. 예수님의 재림에 대한 약속 _ 165
재림에 관한 성경 말씀 / 재림의 목적 / 재림의 시기
2. 예수님의 재림 때 일어날 일들 _ 172
공중재림과 혼인잔치 / 지상재림과 천년왕국 / 최후 심판 / 새 하늘과 새 땅
3. 재림을 기다리는 성도의 자세 _ 177
성령님의 기름 부으심 / 열정적인 복음 전파 / 천국 소망

제10강 나누어 주는 신앙　　　　　　　　　　　　　183

1. 성경에 나타난 나누어 주는 신앙 _ 185
율법의 가르침 / 예수님의 모범 / 초대교회의 섬김과 나눔

2. 나누어 주는 신앙의 의미 _ 190
청지기의 삶 / 교회의 사명 / 하나님 나라의 실현

3. 나누어 주는 신앙의 실천 _ 194
개인적인 삶에서의 나눔 / 공동체 차원에서의 나눔

Part 3. 순복음의 신앙 자세

제11강 절대 긍정　　　　　　　　　　　　　　　203

1. 절대 긍정의 의미 _ 205
믿음과 절대 긍정 / 무조건적인 신뢰와 순종

2. 절대 긍정의 근거 _ 209
하나님의 변함없는 사랑 / 예수 그리스도의 복음 / 우리와 함께하시는 성령님

3. 절대 긍정의 실천 _ 213
말씀 묵상 / 기도 훈련 / 긍정적인 언어 선포

제12강 절대 감사　　　　　　　　　　　　　　　221

1. 절대 감사의 의미 _ 223
믿음과 절대 감사 / 범사에 감사

2. 절대 감사의 근거 _ 227
생명을 주심에 감사 / 구원해 주심에 감사 / 복을 주심에 감사

3. 절대 감사의 실천 _ 232
감사의 고백 / 감사의 습관 / 감사의 찬양

Part 1.
순복음의 삼중축복

순복음 신앙에서는 예수님이 십자가에서 이루신 완전한 구원을 '전인구원'이라 부르고, 이를 통해 얻게 된 총체적인 축복을 '삼중축복'으로 설명합니다. 즉, 순복음의 삼중축복은 예수님의 십자가 구원을 통해 얻어지는 결과로 영적, 육체적, 환경적인 면을 모두 포함하는 축복입니다. 이러한 총체적인 축복을 표현한 대표적인 성경 말씀은 요한삼서 1장 2절입니다.

"사랑하는 자여 네 영혼이 잘됨 같이 네가 범사에 잘되고
  강건하기를 내가 간구하노라"
                              - 요한삼서 1장 2절

제1강

영혼이 잘되는 축복

---

1. 영혼이 잘된다는 의미
   1) 영혼이란
   2) 하나님과의 친밀한 관계 상실
   3) 하나님과의 관계 회복

2. 영적 축복의 중요성
   1) 가장 근본적인 문제
   2) 하나님의 최고 관심사

3. 영적 축복을 받는 비결
   1) 회개
   2) 말씀
   3) 성령충만

제1강 영혼이 잘되는 축복

· 핵심 포인트 ·

우리는 예수 그리스도의 십자가 대속의 은혜로 하나님과의 관계가 회복되어 영혼이 잘되는 축복을 누리게 됩니다.

· 주제말씀 ·

"사랑하는 자여 네 영혼이 잘됨 같이 네가 범사에 잘되고 강건하기를 내가 간구하노라"

_ 요한삼서 1장 2절

"곧 우리가 원수 되었을 때에 그의 아들의 죽으심으로 말미암아 하나님과 화목하게 되었은즉 화목하게 된 자로서는 더욱 그의 살아나심으로 말미암아 구원을 받을 것이니라"

_ 로마서 5장 10절

요한삼서는 사도 요한이 가이오라는 성도에게 보낸 개인적인 편지입니다. 그중에 우리에게 친숙한 2절은 인사말인데, 사랑하는 성도에 대한 사도 요한의 간절한 바람을 담고 있습니다. 요한은 영혼의 구원만이 아니라 삶의 모든 영역에서 행복과 번영을 간구하고 있습니다.

무엇보다 우리는 이 말씀을 통해 예수 그리스도의 십자가 은혜 안에서 성도가 누려야 할 온전한 구원이 무엇인지를 깨닫게 됩니다. 구원받은 성도는 영적, 환경적, 육체적인 측면의 '세 가지 형벌'에서 벗어나 '세 가지 축복'을 얻게 된 사람들입니다. 그 가운데 첫 번째 축복은 영혼이 잘되는 복입니다.

1. 영혼이 잘된다는 의미

영혼이 잘된다는 의미를 이해하기 위해서 먼저 우리는 창세기 2장 7절을 통해 인간의 영혼이란 무엇인지 생각해 봐야 합니다.

1) 영혼이란

창세기 2장 7절에 따르면, 하나님은 숨결을 통해 우리에게 당신의 영을 불어넣어 주셨고, 이를 통해 우리는 생령이 되었습니다. "생령"

은 히브리어로 '네페쉬 하야'라고 하는데 '살아있는 영' 또는 '살아있는 생명'을 의미합니다.

> 창 2:7 야훼 하나님이 땅의 흙으로 사람을 지으시고 생기를 그 코에 불어넣으시니 사람이 생령이 되니라

창세기 2장 7절에서 말하는 '생령'이라는 것은 하나님의 영을 통해 생명을 얻게 된 우리를 가리키며, 이것이 바로 요한삼서 2절에서 말하는 주님 안에서 사랑받는 자들의 '영혼'(프쉬케)입니다.

하나님으로부터 비롯된 인간의 영혼은 하나님과 연결되어 있을 때 비로소 온전케 됩니다. 따라서 죄짓고 타락한 인간의 영혼은 생명의 근원 되신 하나님으로부터 단절될 수밖에 없고, 결국 영적으로 죽은 존재가 되는 것입니다.

> 창 2:16-17 야훼 하나님이 그 사람에게 명하여 이르시되 동산 각종 나무의 열매는 네가 임의로 먹되 선악을 알게 하는 나무의 열매는 먹지 말라 네가 먹는 날에는 반드시 죽으리라 하시니라

2) 하나님과의 친밀한 관계 상실

하나님의 형상으로 창조된 인간은 본래 하나님과 친밀한 교제를 나누며 살았습니다. 그러나 영적으로 죽은 인간은 하나님으로부터 분리됨과 동시에 하나님 안에서 누리던 친밀함과 특권을 상실해 버렸습니다. 이제 타락한 인간은 하나님을 두려워하며 그분의 낯을 피하는 존재로 전락해 버렸습니다.

> **창 3:8** 그들이 그 날 바람이 불 때 동산에 거니시는 야훼 하나님의 소리를 듣고 아담과 그의 아내가 야훼 하나님의 낯을 피하여 동산 나무 사이에 숨은지라

설상가상으로 타락한 인간은 생명의 근원 되신 하나님으로부터 멀어진 채 마귀의 종이 되어 살아가게 되었습니다(요일 3:8, 엡 2:2).

3) 하나님과의 관계 회복

이처럼 죄로 인해 완전히 깨져버린 하나님과 우리 사이의 관계를 회복시키신 분이 바로 예수님이십니다. 하나님의 아들이신 그분이 육신을 입고 이 땅에 오셔서 십자가에 못 박히심으로써 우리 죄의 대가를 몸소 치르시고 죄와 마귀의 종노릇하던 우리를 구원해 주신 것입니다.

예수님은 십자가에 달려 돌아가심으로 죄와 사망의 권세를 무너뜨리셨고 하나님과 우리를 가로막고 있던 죄의 장벽을 허무셨습니다(사 59:2; 롬 3:23; 엡 2:14). 예수님이 십자가에서 돌아가셨을 때 성소와 지성소를 가로막고 있던 두꺼운 휘장이 위에서 아래로 갈라졌던 일은 이러한 사실을 상징적으로 보여주는 사건이었습니다(마 27:51).

예수님의 십자가 대속의 결과, 죄로 인해 단절되었던 하나님과 우리의 관계가 회복되었습니다. 하나님과 우리 사이의 원수 된 관계가 화해된 관계, 화목한 관계로 바뀐 것입니다.

> **롬 5:10** 곧 우리가 원수 되었을 때에 그의 아들의 죽으심으로 말미암아 하나님과 화목하게 되었은즉 화목하게 된 자로서는 더욱 그의 살아나심으로 말미암아 구원을 받을 것이니라

> **· 해설 TIP ·** **화해의 의미**
>
> '화해'라는 단어는 바울 서신에서만 쓰인 단어로서 바울의 특별한 신학을 보여줍니다(명사 '카탈라게' - 롬 5:11, 11:15; 고후 5:18-19 / 동사 '카탈라쏘' - 롬 5:10; 고전 7:11; 고후 5:18-20).
>
> 하나님은 예수님이 십자가 위에서 인간의 죄를 대신 짊어지게 하셨습

니다. 하나님은 이로써 인간과 화해하신 것입니다(고후 5:19). 그러므로 바울에게 '화해'의 주체는 하나님이시고, 결코 인간이 아닙니다. 인간이 할 수 있는 것은 다만 예수 그리스도를 통한 하나님의 화해를 받아들이는 것입니다. 바울에게 하나님과 인간의 화해는 하나님의 주권적인 사랑의 결과입니다.

크리스천이란 예수 그리스도를 통해 하나님이 내미시는 화해의 손길을 붙드는 사람입니다. 바울은 이 진리가 크리스천에게 너무나 중요했기에 '화해'를 강조합니다(고후 5:20). 더 나아가 크리스천은 죄 가운데 살아가는 사람들, 인간의 죄로 말미암아 함께 고통당하는 자연과의 화해를 위해 일해야 합니다(롬 8:21-23).

이제 누구든지 예수님이 그리스도이심을 믿기만 하면 하나님께 나아갈 수 있습니다. 하나님을 두려워하는 존재가 아니라 하나님과 사랑의 교제를 나누며 '아바 아버지'라고 부를 수 있는 존재가 된 것입니다.

롬 8:15 너희는 다시 무서워하는 종의 영을 받지 아니하고 양자의 영을 받았으므로 우리가 아빠 아버지라고 부르짖느니라

결국, 죄로 인해 창조주이신 하나님과 깨어진 관계를 회복하는 것이야말로 우리의 영혼이 잘되는 길입니다. 예수님을 구주로 영접한

크리스천은 하나님과 화목해진 관계 속에서 영혼이 잘되는 복을 누리며 살게 됩니다.

2. 영적 축복의 중요성

요한삼서 2절은 삼중축복, 즉 세 가지 축복에 대해 말씀합니다. 그런데 여기서 우리가 주목해야 할 점은 "네 영혼이 잘됨 같이"라는 구절입니다. 이는 삼중축복 가운데 영적 축복이 '가장 우선'되어야 함을 의미합니다.

1) 가장 근본적인 문제

우리는 현실적인 삶의 현장에서 수없이 많은 문제를 겪게 됩니다. 그러나 그중 가장 중요한 문제, 다른 모든 문제를 결정하는 가장 근본적인 문제는 영혼의 문제입니다.

이 땅을 살아가는 동안 재물과 권력을 얻고 인생의 문제에 대해 만반의 준비를 했다고 할지라도 하나님이 우리의 영혼을 보존하지 않으시면 모든 것이 무의미합니다.

눅 12:20-21 하나님은 이르시되 어리석은 자여 오늘 밤에 네 영혼을 도로 찾으리니 그러면 네 준비한 것이 누구의 것이 되겠느냐 하셨으니 자기를 위하여 재물을 쌓아 두고 하나님 께 대하여 부요하지 못한 자가 이와 같으니라

더 나아가 영혼의 문제는 이 땅에서 사는 동안만이 아니라, 영원히 살고 죽느냐를 결정하는 문제입니다. 죄로 인해 하나님으로부터 분리된 인간의 영혼은 결국 영원히 죽을 수밖에 없습니다.

롬 6:23 죄의 삯은 사망이요 하나님의 은사는 그리스도 예수 우리 주 안에 있는 영생이니라

우리의 영혼이 잘될 때 비로소 범사가 형통하고 육체적으로 강건한 복이 뒤따르는 것입니다.

2) 하나님의 최고 관심사

'영혼이 잘됨 같이 범사에 잘되고 강건하기를 간구한다.'라는 말이 반드시 시간적인 순서를 말하는 것은 아닙니다. 실제로는 육체적 질병이 치유되거나 문제 해결을 통해 예수님의 복음을 받아들이고 예수님을 구주로 믿게 되는 경우도 종종 있기 때문입니다.

그러나 하나님의 가장 큰 관심은 영혼 구원에 있습니다. 하나님은

한 사람의 인생에 복을 주시기 전에 먼저 그의 영혼의 회복을 기대하십니다. 이 점을 간과해선 안 됩니다. 따라서 하나님이 주목하시는 것처럼 우리도 우리 영혼의 잘됨을 제일 먼저 생각해야 합니다.

이러한 영적 축복의 우선성은 삼중축복의 신앙이 샤머니즘적 기복신앙과 근본적으로 구별되는 점입니다. 이 땅에서의 물질적 축복이나 치유의 기적이 우리 믿음의 목적이 아닙니다. 우리의 믿음은 하나님과의 회복된 관계 속에서 살면서, 마침내 영혼의 본향인 천국으로 돌아가는 데 있습니다(히 11:6, 16).

하나님과의 관계가 풀리면 모든 것이 잘됩니다. 영적으로 하나님과 올바른 관계에 있을 때 사업과 가정과 학업과 육체적 건강에도 복이 임하는 것입니다. 결국 모든 일의 열쇠는 하나님과의 관계에 있습니다.

3. 영적 축복을 받는 비결

지금 여러분의 영적 상태는 어떠하신가요? 하나님과 좋은 관계 가운데 영적 축복을 누리며 살고 있습니까? 크리스천은 예수님을 믿고 구원받았음에 안주하지 말고, 자신의 영적 상태를 늘 점검해야 합니다. 우리가 예수 그리스도를 통해 받은 영적 축복을 계속 유지하는 비결은 다음과 같은 세 가지입니다.

1) 회개

영적 축복을 받아 누리기 위해서는 회개가 선행되어야 합니다. 영혼이 잘되는 축복은 결코 죄와 함께할 수 없기 때문입니다. 그래서 예수님이 구원 사역을 이루기 위해 이 땅에 오셨을 때 가장 먼저 전하신 메시지가 회개였습니다.

> **마 4:17** 이 때부터 예수께서 비로소 전파하여 이르시되 회개하라 천국이 가까이 왔느니라 하시더라

유대인들이 베드로의 설교를 듣고 마음에 찔림을 받아서 "이제 우리가 어떻게 해야 합니까?"라고 물었을 때 베드로가 했던 대답도 회개였습니다.

> **행 2:38** 베드로가 이르되 너희가 회개하여 각각 예수 그리스도의 이름으로 침례를 받고 죄 사함을 받으라 그리하면 성령의 선물을 받으리니

죄는 하나님과 우리 사이를 가로막는 장애물입니다. 죄 사함을 받

지 않으면 하나님께 나아갈 수 없습니다. 그렇기에 우리는 늘 자기 삶을 돌아보며 마음으로, 행동으로 지은 죄를 회개해야 합니다. 회개가 영적 축복을 누리기 위한 첫걸음임을 기억하길 바랍니다.

2) 말씀

육신의 건강을 위해 음식을 먹어야 하는 것처럼 영혼의 건강을 위해서도 양식이 필요합니다. 우리 영혼의 양식은 바로 하나님의 말씀입니다. 그러므로 영적 축복을 소유하기 위해서는 규칙적으로 말씀을 읽고 묵상해야 합니다.

하나님의 자녀는 말씀 없이 살 수 없습니다. 이스라엘 백성은 하나님이 약속하신 땅 가나안까지 가는 동안 하늘에서 내려오는 만나를 매일 먹으며 살았습니다. 이 만나는 하나님의 말씀을 상징합니다.

> **신 8:3** 네 조상들도 알지 못하던 만나를 네게 먹이신 것은 사람이 떡으로만 사는 것이 아니요 야훼의 입에서 나오는 모든 말씀으로 사는 줄을 네가 알게 하려 하심이니라

이스라엘 백성이 매일 만나를 먹었던 것처럼 우리도 영의 만나인 하나님의 말씀을 매일 먹어야 합니다. 말씀을 먹지 않으면 우리의 영혼은 점점 힘을 잃고 메말라갈 것입니다. 아모스 선지자는 이를 '말

씀의 기갈'이라고 표현했습니다.

> 암 8:11 내가 기근을 땅에 보내리니 양식이 없어 주림이 아니며 물이 없어 갈함이 아니요 야훼의 말씀을 듣지 못한 기갈이라

육신의 건강보다 더 중요한 것이 영혼의 건강입니다. 영혼이 잘되어야 만사가 형통하고 건강의 복도 받습니다. 육신의 건강을 위해 매일 세끼를 챙겨 먹으면서 영의 양식인 말씀은 등한시하고 있지는 않은지 스스로 돌아보기를 바랍니다.

3) 성령충만

영적 축복은 다른 말로 하면 성령충만입니다. 성령으로 충만하지 않으면서 영적 축복을 받았다고 말할 수 없습니다.

성령충만과 영적 축복의 관계에 대해서는 로마서 8장에 잘 나타나 있습니다. 예수님을 믿고 난 후에도 우리 안에는 여전히 죄성이 남아 있습니다. 옛 사람의 모습이 남아 있습니다. 그래서 사도 바울조차 "오호라 나는 곤고한 사람이로다 이 사망의 몸에서 누가 나를 건져내랴"(롬 7:24)라고 탄식하며 죄의 문제로 괴로워했습니다.

우리 안에 남아 있는 죄성, 우리를 죄의 길로 이끄는 옛 사람의 습성에서 벗어나는 방법은 오직 성령충만입니다.

롬 8:2 이는 그리스도 예수 안에 있는 생명의 성령의 법이 죄와 사망의 법에서 너를 해방하였음이라

하나님의 영이신 성령으로 충만할 때 비로소 믿음을 지키며 성결한 삶을 살 수 있습니다. 성령님의 도우심을 받아야 하나님과 깊은 관계를 맺을 수 있고, 성령님의 인도하심을 받아야 하나님의 선하고 온전하신 뜻을 알고 그 뜻대로 살아갈 수 있습니다. 그렇기에 우리는 날마다 성령충만을 간구해야 합니다. 성령충만한 사람이 영적 축복을 누리며 사는 사람입니다.

· 적용을 위한 질문 ·

1. 나는 영혼이 잘되는 축복을 중요하게 여기고 있나요? 다른 어떤 축복보다 영적 축복을 누리게 해달라고 기도해 보세요.

   ....

   ....

   ....

2. 나의 영적 상태를 점검해 보세요. 하나님과의 관계가 소원해지지는 않았는지 살펴보고, 영적 축복을 누리기 위한 구체적인 방법을 적어보세요.

   ....

   ....

   ....

   ....

"그리스도께서 우리를 위하여 저주를 받은 바 되사 율법의 저주에서 우리를 속량하셨으니 기록된 바 나무에 달린 자마다 저주 아래에 있는 자라 하였음이라 이는 그리스도 예수 안에서 아브라함의 복이 이방인에게 미치게 하고"

- 갈라디아서 3장 13-14절

제2강

범사가 잘되는 축복

1. 저주와 축복
   1) 저주의 원인
   2) 저주의 속량
   3) 형통의 복

2. 복을 주시는 하나님
   1) 기복신앙
   2) 축복신앙
   3) 성경에 나타난 축복

3. 범사에 축복받는 비결
   1) 근면과 성실
   2) 온전한 헌금
   3) 나눔

제 2 강 | 범사가 잘되는 축복

· 핵심 포인트 ·

우리는 저주를 속량하신 예수님의 십자가 은혜로 범사가 잘되는 축복을 받고 형통한 삶을 살게 됩니다.

· 주제말씀 ·

"사랑하는 자여 네 영혼이 잘됨 같이 네가 범사에 잘되고 강건하기를 내가 간구하노라"

_ 요한삼서 1장 2절

"그리스도께서 우리를 위하여 저주를 받은 바 되사 율법의 저주에서 우리를 속량하셨으니 기록된 바 나무에 달린 자마다 저주 아래에 있는 자라 하였음이라 이는 그리스도 예수 안에서 아브라함의 복이 이방인에게 미치게 하고 또 우리로 하여금 믿음으로 말미암아 성령의 약속을 받게 하려 함이라"

_ 갈라디아서 3장 13-14절

메소포타미아 문명, 이집트 문명, 황하 문명, 인더스 문명을 가리켜 세계 4대 문명이라고 부릅니다. 4대 문명의 공통점 중 하나는 모두 종교를 가지고 있었고 신에게 제사를 드리는 풍습이 있었다는 것입니다. 동서고금을 막론하고 까마득한 옛날부터 인간은 죄로 인한 신의 진노, 그로 인한 저주와 고통의 운명을 바꾸기 위해 무수한 신들에게 제물을 바치고 각종 종교의식을 거행했던 것입니다.

하지만 어떤 종교의식이나 제사도 죄의 심판과 저주 앞에 놓인 인간의 운명을 바꾸지 못했습니다. 오직 예수 그리스도의 십자가 대속만이 죄로 인해 죽을 수밖에 없는 우리로 하여금 가난과 저주의 운명을 벗어버리고 범사에 형통한 삶으로 인도할 수 있습니다.

1. 저주와 축복

1) 저주의 원인

하나님은 본래 이 세상을 하나님의 뜻대로 창조하셨습니다. 그 세상은 하나님이 보시기에 아주 좋았습니다. 땅에는 풀과 채소와 열매가 풍성해서 사람과 각종 짐승과 새들이 먹기에 부족함이 없었습니다. 그러나 아담과 하와가 하나님의 말씀에 불순종해 에덴동산에서 쫓겨날 때 땅은 저주받아 가시와 엉겅퀴를 내게 되었습니다.

> 창 3:17-18 아담에게 이르시되 네가 네 아내의 말을 듣고 내가 네게 먹지 말라 한 나무의 열매를 먹었은즉 땅은 너로 말미암아 저주를 받고 너는 네 평생에 수고하여야 그 소산을 먹으리라 땅이 네게 가시덤불과 엉겅퀴를 낼 것이라 네가 먹을 것은 밭의 채소인즉

이때부터 지금까지 인간의 삶은 저주의 가시와 엉겅퀴로 뒤덮히게 되었습니다. 이마에 땀이 흘러야 먹고 살아갈 수 있는 존재로 전락해 버렸으며, 스스로는 해결할 수 없는 문제와 고통의 저주 가운데 살게 되었습니다.

인간은 행복하고 평안한 삶을 꿈꾸며 과학, 의학, 인공지능, 로봇 기술 등을 개발합니다. 앞으로도 문명은 계속해서 발전할 것입니다. 그러나 인간이 아무리 발버둥 친다고 해도 이 땅에서의 가난과 기근과 전쟁의 고통은 끊이지 않습니다. 죄로 인해 인간의 삶과 환경에 저주가 임했기 때문입니다.

2) 저주의 속량

이러한 인간의 저주받은 운명을 회복시킨 분이 예수님이십니다. 예수님은 십자가 위에서 우리 모두의 저주를 대속하셨습니다.

갈 3:13-14 그리스도께서 우리를 위하여 저주를 받은 바 되사 율법의 저주에서 우리를 속량하셨으니 기록된 바 나무에 달린 자마다 저주 아래에 있는 자라 하였음이라 이는 그리스도 예수 안에서 아브라함의 복이 이방인에게 미치게 하고 또 우리로 하여금 믿음으로 말미암아 성령의 약속을 받게 하려 함이라

만물을 창조하시고 복의 근원이 되신 하나님의 아들이 인간 대신 저주를 짊어지시고 피를 흘리심으로 우리는 저주에서 벗어나 축복의 삶을 살아갈 수 있게 된 것입니다.

이러한 은혜로 말미암아 우리는 가난의 저주에서도 벗어날 수 있게 되었습니다. 아무리 노력해도 벗어날 수 없는 가난이라면 그것은 저주일 것입니다. 성경은 하나님을 불순종한 인간이 받게 되는 저주 같은 가난이 있다고 말합니다.

신 28:15-19 네가 만일 네 하나님 야훼의 말씀을 순종하지 아니하여 내가 오늘 네게 명령하는 그의 모든 명령과 규례를 지켜 행하지 아니하면 이 모든 저주가 네게 임하며 네게 이를 것이니 네가 성읍에서도 저주를 받으며 들에서도 저주를 받을 것이요 또 네 광주리와 떡 반죽 그릇이 저주를 받을 것

이요 네 몸의 소생과 네 토지의 소산과 네 소와 양의 새끼가 저주를 받을 것이며 네가 들어와도 저주를 받고 나가도 저주를 받으리라

이처럼 예수님을 구주로 영접한 사람은 죄로 인해 단절되었던 하나님과의 관계를 회복하게 됨으로써 모든 저주에서 벗어나 범사에 복된 삶을 살아갈 수 있게 됩니다.

3) 형통의 복

요한삼서 2절에 기록된 "범사에 잘되고"에서 '범사'라는 말은 '모든 일'을 말합니다. 이는 우리가 삶 속에서 행하는 모든 활동을 가리킵니다. 또한 '잘되고'라는 말은 '성취하다, 성공하다'라는 의미입니다. 종합해 보면 사도 요한은 가이오에게 "당신이 관여하는 모든 일에서 성공(성취)하기를 간구한다."라고 말한 것입니다.

따라서 예수 그리스도를 믿고 저주에서 해방된 사람들은 무조건 모든 일이 저절로 잘되기를 바라는, 그런 사람들이 아닙니다. 오히려 그 일들을 잘 헤쳐 나갈 힘과 지혜를 구하는 사람들이며, 이를 통해 결국 좋은 것을 성취할 수 있는 복을 받은 사람들입니다.

시 1:3 그는 시냇가에 심은 나무가 철을 따라 열매를 맺으며

그 잎사귀가 마르지 아니함 같으니 그가 하는 모든 일이 다 형통하리로다

2. 복을 주시는 하나님

크리스천 중에는 간혹 '복 받는다'라는 말에 거부 반응을 보이고, 자발적 가난이나 청빈한 삶만이 성경의 참된 가르침이라고 생각하는 사람이 있습니다. 이는 기독교의 축복신앙을 기복신앙으로 오해하여 생기는 일입니다.

1) 기복신앙

기복이란 바랄 '기'(祈)와 복 '복'(福)이 합쳐진 말입니다. 즉, 하나님에게 복을 받기를 바라는 것입니다. 사실 복을 바라는 것 자체는 아무런 문제가 되지 않습니다. 그러나 소유에 집착하거나 탐욕에 사로잡혀 물질적인 축복에만 관심을 두는 신앙의 자세는 큰 문제가 됩니다. 성경은 이 같은 신앙의 자세를 우상숭배와 같다고 말씀합니다.

> **골 3:5** 그러므로 땅에 있는 지체를 죽이라 곧 음란과 부정과 사욕과 악한 정욕과 탐심이니 탐심은 우상 숭배니라

기복신앙이란 세속적인 복을 충족하기 위해 갖는 신앙을 말합니다. 실제로 많은 사람이 현세적인 무병장수와 물질의 번영을 위해 종교를 가지려 합니다. 하지만 기독교는 물질적인 복을 삶의 목적으로나 우선적인 문제로는 보지 않습니다. 부를 무조건 경시하는 것은 아니지만 성경은 돈을 사랑하는 것이 일만 악의 뿌리가 된다고 분명히 말씀하기 때문입니다(딤전 6:10). 크리스천은 물질의 지배를 받는 사람들이 아니라 물질을 다스리며 사는 사람들입니다.

2) 축복신앙

우리는 기복신앙에 대한 부정적인 편견 때문에 '복'이라는 개념 자체를 문제시해서는 안 됩니다. 하나님은 복의 근원이시며 이 세상을 창조하셨을 때부터 만물과 인간에게 복을 주신 분이기 때문입니다.

> **창 1:28** 하나님이 그들에게 복을 주시며 하나님이 그들에게 이르시되 생육하고 번성하여 땅에 충만하라, 땅을 정복하라, 바다의 물고기와 하늘의 새와 땅에 움직이는 모든 생물을 다스리라 하시니라

더욱이 하나님은 당신의 백성이 '복' 그 자체가 되어 다른 사람에게 그 복을 나누어 주는 사람이 되길 원하시는 분입니다.

> 창 12:1-3 야훼께서 아브람에게 이르시되 너는 너의 고향과 친척과 아버지의 집을 떠나 내가 네게 보여 줄 땅으로 가라 내가 너로 큰 민족을 이루고 네게 복을 주어 네 이름을 창대하게 하리니 너는 복이 될지라 너를 축복하는 자에게는 내가 복을 내리고 너를 저주하는 자에게는 내가 저주하리니 땅의 모든 족속이 너로 말미암아 복을 얻을 것이라 하신지라

그러므로 물질적인 부요함을 신앙의 목적으로 삼는 것도 문제지만, 물질적인 복을 경시하면서 영적이고 내면적인 신앙만 추구하는 자세도 올바른 신앙인의 모습은 아닙니다.

3) 성경에 나타난 축복

구약성경의 많은 구절은 하나님이 복 주시는 분임을 보여주고 있습니다. 다만, 하나님은 하나님의 명령과 말씀에 순종하는 사람에게 그러한 복을 부어주신다고 약속하셨습니다.

> 창 28:13-14 또 본즉 야훼께서 그 위에 서서 이르시되 나는 야훼니 너의 조부 아브라함의 하나님이요 이삭의 하나님이라 네가 누워 있는 땅을 내가 너와 네 자손에게 주리니 네 자손이 땅의 티끌 같이 되어 네가 서쪽과 동쪽과 북쪽과 남쪽으로 퍼져나갈지며 땅의 모든 족속이 너와 네 자손으로 말미암

아 복을 받으리라

출 20:6 나를 사랑하고 내 계명을 지키는 자에게는 천 대까지 은혜를 베푸느니라

신 5:33 너희 하나님 야훼께서 너희에게 명령하신 모든 도를 행하라 그리하면 너희가 살 것이요 복이 너희에게 있을 것이며 너희가 차지한 땅에서 너희의 날이 길리라

신약성경도 주님을 따르는 사람들이 받게 되는 모든 복에 대해서 강조하고 있습니다. 하나님의 나라와 의를 위하여 우리의 모든 필요를 채워주실 것이라고 말씀합니다.

고후 9:8 하나님이 능히 모든 은혜를 너희에게 넘치게 하시나니 이는 너희로 모든 일에 항상 모든 것이 넉넉하여 모든 착한 일을 넘치게 하게 하려 하심이라

마 6:33 그런즉 너희는 먼저 그의 나라와 그의 의를 구하라 그리하면 이 모든 것을 너희에게 더하시리라

예수님은 우리의 모든 죄와 저주를 짊어지고 십자가에 못 박혀 돌아

가셨습니다(갈 3:13). 예수님은 우리를 죄에서뿐만 아니라 모든 저주에서 구원하시고 아브라함의 복과 형통한 삶으로 인도하는 분이십니다.

따라서 예수님을 구주로 고백하는 사람이 가난을 당연시하거나 하나님의 축복을 기대하지 않는 것은 옳지 않습니다. 영혼뿐만 아니라 범사에 임하는 복은 크리스천이 마땅히 구해야 할 하나님의 선물입니다.

3. 범사에 축복받는 비결

1) 근면과 성실

예수님 안에서 우리는 아브라함의 복을 받은 사람이 되었습니다. 하지만 게으르고 나태한 사람은 이 같은 축복을 누릴 수 없습니다. 진정한 축복은 주님 앞에 부끄럽지 않은 삶, 즉 근면, 성실하며 자기가 맡은 일에 최선을 다하는 사람이 누리는 복입니다.

> **잠 10:4** 손을 게으르게 놀리는 자는 가난하게 되고 손이 부지런한 자는 부하게 되느니라

근면과 성실의 중요성은 예수님의 달란트 비유에도 잘 나타납니

다(마 25:14-30). 주인에게 받은 달란트를 성실히 경영하여 이윤을 남긴 종은 '착하고 충성된 종'이라는 칭찬과 함께 더 많은 달란트를 받게 됩니다. 그러나 받은 달란트를 땅에 묻어두고 아무 일도 하지 않은 종은 '악하고 게으른 종'이라는 꾸짖음을 듣고 가진 것조차 빼앗긴 채 내쫓기게 됩니다.

우리에게 복을 주신 분은 하나님이십니다. 그러므로 우리가 하나님의 것을 맡은 청지기로서 성실히 최선을 다할 때 각자 삶의 자리에서 형통하게 되는 복을 받게 될 것입니다.

> **· 해설 TIP · 하나님의 청지기, 유일한 박사**
>
> 한평생 독실한 크리스천으로 살았던 유한양행의 창업자 유일한 박사는 기업 운영을 통해 얻은 이익은 그 기업을 키워준 사회에 환원해야 한다고 생각했습니다. 그래서 공익재단을 설립해 교육 및 장학사업에 힘을 쏟았고, 회사의 경영에서 물러나면서 가족이 아닌 전문경영인이 회사를 경영하도록 했습니다. 또한 재산 대부분을 기부한다는 유언장을 남기고 주님 곁으로 부름을 받았습니다.
>
> 유 박사는 자기 생이 얼마 남지 않았음을 알았을 때 후임 사장 조권순에게 다음과 같은 말을 했다고 합니다. "난 사실 세상에 대한 미련이 없네. 다만 하나님이 나에게 맡겨주신 것들을 관리해야 하는 청지기로서 아직 할 일이 남아 있어 좀 더 세상에 있는 것뿐일세."

2) 온전한 헌금

하나님께 드리는 헌금은 하나님으로부터 받은 복에 대한 감사의 고백이자, 자신의 모든 소유가 하나님으로부터 온 것이라는 믿음의 표현이기도 합니다. 따라서 하나님께 드리는 헌금은 거짓이나 속임이 없이 온전해야 합니다.

특별히 성경은 온전한 십일조에 관해 시험해 보라고 말씀할 정도로 복과 밀접한 관련이 있음을 강조하고 있습니다.

> **말 3:8-10** 사람이 어찌 하나님의 것을 도둑질하겠느냐 그러나 너희는 나의 것을 도둑질하고도 말하기를 우리가 어떻게 주의 것을 도둑질하였나이까 하는도다 이는 곧 십일조와 봉헌물이라 너희 곧 온 나라가 나의 것을 도둑질하였으므로 너희가 저주를 받았느니라 만군의 야훼가 이르노라 너희의 온전한 십일조를 창고에 들여 나의 집에 양식이 있게 하고 그것으로 나를 시험하여 내가 하늘 문을 열고 너희에게 복을 쌓을 곳이 없도록 붓지 아니하나 보라

또한 온전한 헌금은 우리의 마음과 맞닿아 있습니다. 우리는 하나님께 헌금을 드릴 때 "인색함으로나 억지로" 하지 말아야 합니다. 하나님은 드리는 자의 마음을 보십니다.

고후 9:7 각각 그 마음에 정한 대로 할 것이요 인색함으로나 억지로 하지 말지니 하나님은 즐겨 내는 자를 사랑하시느니라

예수님을 사랑하여 아낌없이 옥합을 깨뜨렸던 여인처럼(막 14:3) 우리도 마음과 정성을 다해 하나님께 예물을 드려야 합니다. 그러할 때 하나님이 우리의 예물을 기쁘게 받으시고 드린 손길 위에 복에 복을 더하실 것입니다.

3) 나눔

하나님으로부터 받은 복은 이웃과 함께 나누며 하나님의 영광을 위해 사용될 때 진정한 복이 됩니다. 다시 말해서 우리는 복을 받기 위해 살아가는 것이 아니라 복을 나누기 위해 사는 사람들입니다(창 12:2-3).

하나님이 우리에게 복을 주시는 목적은 하나님의 영광을 위해, 그리고 이웃에게 사랑을 실천하게 하는 데 있습니다. 가난하고 소외된 이웃을 돌보며 그들과 물질을 나누는 사람이 하나님이 주신 복을 진정으로 누리는 사람이며, 범사가 잘되는 삶을 살아가는 사람입니다.

우리가 가난한 사람을 불쌍히 여기고(잠 19:17) 즐거운 마음으로 받은 복을 아낌없이 나눠주면(신 15:10) 하나님이 그 모습을 기억하시고 반드시 갚아주십니다.

더욱이 하나님의 계산법은 세상 방식과 다릅니다. 하나님 안에서의 나눔은 마이너스가 아니라 플러스입니다. 하나님이 나누는 자에게는 "후히 되어 누르고 흔들어 넘치도록" 은혜와 축복을 부어주시기 때문입니다.

> **눅 6:38** 주라 그리하면 너희에게 줄 것이니 곧 후히 되어 누르고 흔들어 넘치도록 하여 너희에게 안겨 주리라 너희가 헤아리는 그 헤아림으로 너희도 헤아림을 도로 받을 것이니라

그렇기에 우리는 받은 복을 움켜쥐고 있으면 안 됩니다. 움켜쥐는 자는 빈곤한 인생을 살게 되고, 나누는 자는 풍족하고 윤택한 인생을 살게 될 것입니다.

> **잠 11:24-25** 흩어 구제하여도 더욱 부하게 되는 일이 있나니 과도히 아껴도 가난하게 될 뿐이니라 구제를 좋아하는 자는 풍족하여질 것이요 남을 윤택하게 하는 자는 자기도 윤택하여지리라

하나님은 나누는 자에게 더욱 풍성한 복으로 채워주시는 분입니다. 우리를 복의 통로로 사용하시기 위해서라도 축복해 주실 것입니다.

· 적용을 위한 질문 ·

1. 나는 하루하루 먹을 것과 입을 것을 주신 하나님께 감사하고 있나요? 내가 지금껏 하나님께 받은 물질의 복이 무엇인지 생각해 보고 감사의 기도를 적어보세요.

2. 나는 하나님께 받은 물질의 축복을 나누고 있나요? 내 주위에 도움의 손길이 필요한 사람이 있는지 살펴보고 구체적인 실천 방안을 적어보세요.

제3강

강건함의 축복

1. 질병과 고통의 원인
   1) 죄로 인하여
   2) 마귀의 역사로 인하여
   3) 하나님의 영광을 위하여

2. 치유의 근거
   1) 죄를 대속하신 예수님
   2) 마귀의 일을 멸하신 예수님
   3) 절대 긍정의 믿음

3. 강건함의 축복을 누리는 비결
   1) 믿음의 기도
   2) 거룩한 삶
   3) 봉사와 헌신

제3강 강건함의 축복

• 핵심 포인트 •

우리는 예수 그리스도의 십자가 고난을 통해 질병의 고통에서 벗어나 강건함의 축복을 누리게 됩니다.

• 주제말씀 •

"사랑하는 자여 네 영혼이 잘됨 같이 네가 범사에 잘되고 강건하기를 내가 간구하노라"

_ 요한삼서 1장 2절

"친히 나무에 달려 그 몸으로 우리 죄를 담당하셨으니 이는 우리로 죄에 대하여 죽고 의에 대하여 살게 하심이라 그가 채찍에 맞음으로 너희는 나음을 얻었나니"

_ 베드로전서 2장 24절

건강은 현대인들의 주요 관심사 중 하나입니다. 건강 전문 매체가 생겨나고 각종 신약 및 첨단 의료 장비 개발 등에 천문학적인 자금이 투자되고 있습니다. 그러나 과학과 의학의 눈부신 발전에도 불구하고 인류는 여전히 육체적, 정신적 질병의 고통에서 벗어나지 못하고 있습니다.

놀랍게도 성경은 예수님이 십자가 고난을 통해 우리의 질고를 짊어지셨으며, 채찍에 맞음으로 우리가 나음을 입었다고 단언합니다(사 53:4-6). 질고란 '병에 걸려 겪는 괴로움'을 말합니다. 예수님의 십자가 대속으로 우리는 모든 질병의 고통에서 벗어나 강건하게 되는 복을 누릴 수 있다는 것입니다. 이것이 바로 요한삼서 1장 2절에 나타난 삼중축복의 세 번째 축복입니다.

1. 질병과 고통의 원인

병 고침의 은혜와 복을 누리기 위해서 우리는 먼저 질병의 근본적인 원인에 관한 성경의 가르침을 생각해 보아야 합니다.

1) 죄로 인하여

인간의 질병과 그로 인한 고통은 많은 경우 죄로부터 비롯될 수 있습니다. 죄가 질병의 원인이 될 수 있음을 보여주는 대표적인 예가 마가복음 2장 1-12절에 나오는 중풍병자의 치유입니다.

가버나움의 한 집에 예수님이 머무신다는 소문이 퍼지자 사람들이 모여 문전성시를 이룹니다. 이때 중풍병자를 메고 온 친구들은 지붕을 뜯어내고 침상을 달아 내립니다. 예수님은 그들의 믿음을 보시고 "작은 자야 네 죄 사함을 받았느니라"라고 선포하십니다. 이는 중풍병자의 질병이 죄와 관련이 있다는 것을 암시합니다.

> **· 해설 TIP ·** **"네 죄 사함을 받았느니라"**
>
> 시편 130편 4절이 밝히는 것처럼 죄 용서의 권세는 오직 하나님께 있습니다. 그러므로 마가는 이 사건을 통해 예수님의 하나님 되심을 드러내고 있는 것입니다.

또한, 요한계시록 2장 22절에서는 예수님이 두아디라교회를 향해 말씀하시며 여자 이세벨이 자기의 음행을 회개하지 않으면 그녀를 침상에 던지겠다고 경고하십니다. 여기서 '음행'은 우상숭배와 같은 죄악을 가리키는 것입니다(계 2:20). 즉, 두아디라 교회가 영적으로 타락하여 우상을 숭배하는 죄를 범했고 이에 따라 받게 될 결과가 바로 침상에 내쳐지는 것이라는 말씀입니다.

여기서 '침상'이라는 말은 '클리네'라는 헬라어를 번역한 것인데, 이는 마가복음 2장에서 중풍병자가 누웠던 침상(막 2:9; 눅 5:18)과 같은 '병상'을 의미합니다. 다시 말해 성경은 죄에 대한 하나님의 징계가 질병의 형태로 나타날 수 있음을 경고하고 있습니다.

> **· 해설 TIP ·** **"침상에 던질 터이요"**
>
> 이러한 맥락에서 요한계시록은 짐승의 표를 받은 자들과 우상 숭배자들을 심판할 때 그들에게 '악하고 독한 종기'가 나고, 그들이 '고통으로 인해' 자기 혀를 깨물 것이라고 예고하는 것입니다(계 16:2, 10).

2) 마귀의 역사로 인하여

마귀의 역사가 질병의 원인이 되는 경우도 있습니다. 누가복음 13장 10-17절은 예수님이 열여덟 해 동안 꼬부라진 채로 살았던 여인을 치유하시는 사건을 보도합니다. 우리말 성경(개역개정)은 이 여인을 소개하는 대목에서 "귀신 들려 앓으며"라고 번역하고 있지만, 원어는 '질병(아스테네이아)의 영을 가진 여인'이라고 말하고 있습니다(11절). 여기서 '질병의 영'의 정체를 16절에서 예수님은 '사탄'(사타나스)이라고 밝히고 있습니다.

마귀의 역사로 인해 병에 걸리는 또 다른 경우를 우리는 마태복음

17장에서 찾아볼 수 있습니다. 마태복음 17장 14-20절을 보면, 한 아버지가 '간질에 걸려' 심히 고생하는 아들을 예수님께 데리고 나옵니다. 이때 예수님이 귀신을 내쫓으시자 그 아이의 건강이 회복됩니다. 이 사건은 간질의 원인이 '귀신'임을 보여주고 있습니다.

> **· 해설 TIP · 마귀의 역사로 인한 질병의 다른 예**
>
> 마가복음 9장 25절에서도 예수님은 말하지 못 하고 듣지 못 하는 아이에게 역사하는 영을 향해 "말 못하고 못 듣는 귀신"이라고 부르셨습니다. 악령이 장애를 초래할 수 있음을 보여주는 대목입니다.
>
> 또한, 귀신에 의해 신체적 이상을 갖게 되는 경우를 마태복음 12장 22절에서도 발견할 수 있습니다. 여기에선 '귀신에 들려 눈이 멀고 말을 못하는' 사람이 등장하는데, 예수님이 성령의 능력을 힘입어 귀신을 쫓아내셨을 때, 그 사람은 언어와 시력을 회복하게 되었습니다.

3) 하나님의 영광을 위하여

요한복음 9장 1-34절을 보면, 예수님이 길을 가시다가 '나면서부터 앞을 보지 못하는 사람'을 만나셨습니다. 제자들은 그 사람이 시각장애인으로 태어난 것이 누구의 죄 때문인지를 따져 물었습니다.

예수님은 본인이나 부모의 죄로 인한 것이 아니라, "하나님이 하시는 일을 나타내고자 하심"(요 9:3)이라고 대답하셨습니다. 바리새인과 유대인들은 그의 병이 죄 때문이라고 생각했지만(요 9:34), 요한복음은 이 사건을 통해 예수님을 세상의 빛으로 보내어 어둠 가운데 있는 영혼들을 빛으로 인도하시는 하나님을 드러낸 것입니다.

이처럼 질병이 죄나 악령 때문에 발병하는 것이 아니라, 하나님의 일 또는 영광을 나타내기 위한 도구가 될 수 있다는 사실도 간과해서는 안 됩니다(마15:31; 눅7:16, 18:43).

2. 치유의 근거

앞서 살펴본 바와 같이 우리가 겪는 질병의 고통에 대해 성경은 크게 세 가지 원인이 있음을 가르쳐 줍니다. 그런데 놀랍게도 이 세 가지 원인은 한결같이 우리에게 왜 십자가에 달리신 예수 그리스도를 통해 모든 질고의 문제가 해결될 수 있는지를 깨닫게 해줍니다.

1) 죄를 대속하신 예수님

하나님이 천지를 창조하셨을 때 죽음이나 질병의 고통은 없었습니다. 아담이 하나님의 말씀을 거역하고 죄를 범하자 질병의 고통과 죽음이 세상에 들어오게 된 것입니다.

창 3:19 네가 흙으로 돌아갈 때까지 얼굴에 땀을 흘려야 먹을 것을 먹으리니 네가 그것에서 취함을 입었음이라 너는 흙이니 흙으로 돌아갈 것이니라 하시니라

"흙으로 돌아갈 것이니라"라는 말씀은 아담이 이제 죽을 수밖에 없는 존재로 전락했음을 보여줍니다. 하나님의 형상으로 지음 받아 은혜와 축복 가운데 살던 아담과 하와는 죄로 인해 에덴에서 쫓겨나 질병 가운데 고통당하며 죽을 수밖에 없는 존재가 된 것입니다. 이후 모든 인간이 질병과 고통과 죽음의 굴레 속에서 살고 있습니다.

그러므로 죄로 인한 질병의 고통과 죽음의 저주에서 벗어날 수 있는 유일한 길은 죗값을 치르는 것이었습니다. 이를 위해 구약시대에는 동물을 죽여 그 피로 제사를 드려 속죄받았습니다. "피흘림이 없은즉 사함이 없느니라"(히 9:22)라는 말씀처럼 피의 제사로 죄의 대가를 치렀던 것입니다. 그러나 동물을 희생해 드리는 제사는 일시적이고 불완전할 수밖에 없습니다. 사람이 근본적으로 죄에서 놓임을 받기 위해서는 모든 죄를 영원히, 그리고 완전하게 대속할 수 있는 희생 제물이 필요합니다.

> **· 해설 TIP ·** **예수님이 죄를 대속하실 수 있는 이유**
>
> 예수님이 인류의 죄를 위한 대속 제물이 되실 수 있었던 이유는 아무런 죄가 없었기 때문입니다. 흠도 없고 점도 없는 온전한 예수님이 우리의 죄를 대신 짊어지고 십자가에서 돌아가셨기에 우리가 나음을 받게 되었습니다(벧전 1:19).

그래서 예수님이 우리의 죄를 대신 짊어질 제물이 되기 위해 낮고 천한 이 땅에 완전한 사람으로 오신 것입니다. 사람으로 오신 예수님은 십자가 위에서 피 흘려 돌아가심으로 인류의 모든 죄를 단번에, 영원히 대속하셨습니다(히 9:12).

예수님이 완전히 속죄를 이루셨기 때문에 이제 누구든지 예수님을 구주로 믿기만 하면 예수님이 흘리신 십자가 보혈의 공로로 죄 사함을 받고 모든 질병에서 놓여나게 됩니다.

2) 마귀의 일을 멸하신 예수님

예수님이 이 땅에 오신 것은 마귀의 일을 멸하시기 위함이었습니다(요일 3:8). 또한 예수님이 공생애 가운데 하셨던 주요 사역 중의 하나가 마귀의 일을 멸하시는 것이었습니다. 예수님이 회당에서 더러운 귀신 들린 사람에게서 귀신을 내쫓으실 때, 귀신은 "우리를 멸하러

왔나이까?"라고 소리 질렀습니다(막 1:24). 예수님으로 인해 자신들이 멸하게 될 것을 알았기 때문입니다.

예수님은 공생애 사역을 하시면서 온 갈릴리를 다니며 전도하시고 귀신을 내쫓으셨습니다(막 1:38-39). 또한 예수님은 십자가 사역을 통해 궁극적으로 마귀를 이기셨습니다. 창세기에는 마귀를 이기실 예수님에 대해 기록되어 있습니다.

> **창 3:15** 내가 너로 여자와 원수가 되게 하고 네 후손도 여자의 후손과 원수가 되게 하리니 여자의 후손은 네 머리를 상하게 할 것이요 너는 그의 발꿈치를 상하게 할 것이니라 하시고

여기서 여자의 후손은 동정녀 마리아를 통해 이 땅에 오신 예수님을 의미합니다. 마귀는 예수님의 발꿈치를 상하게 했지만, 예수님은 마귀의 머리를 밟으셨습니다. 십자가 죽음과 부활로 마귀를 이기신 것입니다.

마귀는 각종 질고로 성도를 넘어뜨리기 위해 끊임없이 악한 술수를 씁니다. 그러나 예수 그리스도의 십자가 대속의 은혜로 마귀의 일이 무너졌기에 우리는 어떤 상황에서도 소망을 가지고 참된 평안을 누릴 수 있습니다.

> **· 해설 TIP ·** **"내 이름으로 귀신을 쫓아내며"**
>
> 예수님은 공생애 사역을 하는 동안 귀신을 "꾸짖어"(에피티마오) 내쫓으셨습니다(막 1:25-26). 성경에서 '에피티마오'는 '꾸짖다, 질책하다, 항변하다'의 의미를 나타냅니다. 우리도 예수님의 이름을 힘입어 귀신을 꾸짖을 때, 귀신을 쫓아내고 치유를 얻게 될 것입니다(막 16:17).

3) 절대 긍정의 믿음

신약성경에는 많은 병자가 등장하는데 대부분 병의 원인이 구체적으로 언급되지 않습니다. 열병에 걸린 베드로의 장모(막 1:29-31), 열두 해를 혈루증으로 앓던 여인(막 8:25-34), 시각장애인 바디매오(막 10:46-52), 죽을병에 걸렸던 백부장의 하인(마 8:5-13) 등이 그렇습니다. 심지어 욥바의 다비다는 선행과 구제를 많이 했어도 병들어 죽게 되었습니다(행 9:36-42).

이러한 질병들은 죄로 인한 병도 아니고, 더욱이 마귀의 역사로 인한 병도 아니었습니다. 하지만 한결같이 이런 질병들이 믿음을 통해 치유 받았다는 점을 주목해야 합니다.

앞서 요한복음 9장에 나오는 '날 때부터 앞을 보지 못하는 사람'의 이야기를 말씀드렸습니다. 주님이 그를 고치셨을 때 이렇게 말씀하셨습니다. "그에게서 하나님이 하시는 일을 나타내고자 하심이라"(요 9:3). '하나님의 일'(에르가)이라는 말은 '하나님의 작품'이라는 의미도 됩니다. 비록 병들어 볼품없는 모습이었지만 예수님은 믿음의 눈을 통해 그에게서 놀라운 하나님의 작품을 보셨던 것입니다.

> **· 해설 TIP ·** **미켈란젤로와 다비드상**
>
> 미켈란젤로가 훗날 「다비드」가 될 대리석 조각에 달라붙어 작업을 하고 있을 때였습니다. 마침 근처를 지나던 어린 소녀가 작업실로 들어와 미켈란젤로에게 호기심 가득한 눈으로 물었습니다. "왜 그렇게 힘들게 돌을 두드리세요?" 미켈란젤로는 이렇게 말했습니다. "꼬마야, 이 바위 안에는 천사가 들어있단다. 나는 지금 잠자는 천사를 깨워 자유롭게 해주는 중이야."
>
> 사람들 눈에는 단순한 대리석 덩어리였지만, 미켈란젤로 눈에는 이미 다비드상의 모습이 보였던 것입니다.

요한복음 11장에서 마리아와 마르다가 나사로가 죽을병에 걸려 예수님께 도움을 요청했을 때 예수님은 다음과 같이 말씀하셨습니다.

요 11:4 예수께서 들으시고 이르시되 이 병은 죽을 병이 아니라 하나님의 영광을 위함이요 하나님의 아들이 이로 말미암

아 영광을 받게 하려 함이라 하시더라

우리 예수님은 절대 긍정의 믿음을 가지신 분이십니다. 우리도 주님처럼 믿음의 눈으로 질병에서 나아 강건해진 모습을 바라보아야 합니다. 절대 긍정의 믿음을 가지고 선포해야 합니다. "이 병은 반드시 낫는다!" "이 병은 하나님의 영광을 나타내기 위해 잠시 내게 허락된 것이다." "예수 이름으로 명하노니 병은 나에게서 떠날지어다!"

롬 8:18 생각하건대 현재의 고난은 장차 우리에게 나타날 영광과 비교할 수 없도다

지금은 비록 연약하지만, 하나님의 영광을 바라보며 절대 긍정의 믿음을 고백할 때, 우리를 괴롭히던 질병이 물러가고 치유의 기적이 일어날 줄 믿습니다!

3. 강건함의 축복을 누리는 비결

질병의 치유를 비롯한 강건함의 축복은 하나님의 뜻이며 하나님이 우리를 위해 그리스도 안에 예비하신 축복입니다. 따라서 그리스도를 주로 믿는 모든 성도는 하나님께 강건함의 축복을 마땅히 간구

해야 할 것입니다.

1) 믿음의 기도

질병을 치료받고 강건함의 축복을 누리는 비결은 믿음의 기도입니다.

> **약 5:14-15** 너희 중에 병든 자가 있느냐 그는 교회의 장로들을 청할 것이요 그들은 주의 이름으로 기름을 바르며 그를 위하여 기도할지니라 믿음의 기도는 병든 자를 구원하리니 주께서 그를 일으키시리라 혹시 죄를 범하였을지라도 사하심을 받으리라

믿음의 기도는 없는 것을 있는 것으로 바라보는 창조적 선포입니다. 그렇기에 비록 지금 내 몸에 질병이 들어와 있다고 해도 믿음으로 나은 것을 바라보며 선포해야 합니다. 예수의 이름으로 질병을 가져오는 마귀를 내어쫓으십시오. "예수의 이름으로 명하노니 질병은 떠나가라." 예수 이름의 권세 앞에 마귀는 쫓겨나갈 것입니다(약 4:7).

한 걸음 더 나아가 강건함의 축복을 바라보고 긍정적이고 창조적인 언어를 선포하십시오. "나는 건강하다. 나는 평안하다. 나는 행복하다. 나는 기쁘다." 이 같은 믿음의 선포를 할 때 우리를 멸망시키려

던 마귀의 궤계가 무너지고 마귀가 가져다주는 질병 역시 우리 안에 머물 수 없게 되는 것입니다.

우리의 생명과 건강을 보존해 주시는 분은 하나님이십니다. 우리의 생명이 주님의 손에 있음을 인정하고 고백하십시오(시 36:9). 하나님의 강하고 의로운 손으로 붙들어달라고 기도하십시오. 하나님이 우리의 믿음의 고백을 기뻐하시고 강건함의 축복을 부어주실 것입니다.

2) 거룩한 삶

강건함의 축복을 누리는 두 번째 비결은 거룩한 삶을 사는 것입니다. 하나님의 은혜로 질병에서 치료함을 받는 것도 중요하지만 건강을 유지하는 것은 더욱 중요한 일입니다. 건강을 유지하기 위해서는 죄를 멀리하고 마귀를 쫓아내며 하나님 말씀을 따라 살아야 합니다.

우리가 예수 그리스도를 믿게 되면 성령님이 각 성도의 심령에 내주하십니다. 하나님의 영이신 성령님이 우리 안에 계시므로 우리의 몸은 하나님의 거룩한 성전이 됩니다.

고전 3:16-17 너희는 너희가 하나님의 성전인 것과 하나님의 성령이 너희 안에 계시는 것을 알지 못하느냐 누구든지 하나님의 성전을 더럽히면 하나님이 그 사람을 멸하시리라 하나

님의 성전은 거룩하니 너희도 그러하니라

따라서 우리에게는 거룩한 성전인 우리의 몸을 더럽히지 말고 소중히 지켜야 할 의무와 책임이 있습니다. 우리의 몸이 죄와 음행과 탐욕과 같은 더러운 것에 물들지 않도록 해야 합니다(롬 6:12; 살전 4:3; 벧전 1:15). 우리 몸에 해로운 담배와 술을 금하고, 우리 몸을 피폐하게 하고 중독시키는 도박과 마약 등은 절대 가까이하면 안 됩니다. 그뿐 아니라 건강을 해치는 음식도 절제할 수 있어야 합니다.

엡 5:3 음행과 온갖 더러운 것과 탐욕은 너희 중에서 그 이름조차도 부르지 말라 이는 성도에게 마땅한 바니라

이처럼 우리가 우리의 몸과 마음을 죄악에서 멀리하고 거룩한 삶을 살기 위해 몸부림친다면 마귀와 질병의 악한 세력이 침범할 수 없을 것입니다.

3) 봉사와 헌신

질병으로 고통당하다가 병에서 나았다면 우리는 먼저 치료해 주신 하나님께 감사해야 합니다. 질병 없이 건강하게 생활하고 있다면 건강의 복을 허락하신 하나님께 더욱 감사해야 합니다. 그리고 한 걸음 더 나아가 하나님이 주신 건강한 몸을 하나님의 일을 위해 사용하

시도록 내어드려야 합니다.

롬 6:13 또한 너희 지체를 불의의 무기로 죄에게 내주지 말고 오직 너희 자신을 죽은 자 가운데서 다시 살아난 자 같이 하나님께 드리며 너희 지체를 의의 무기로 하나님께 드리라

우리의 몸이 하나님의 나라와 영광을 위해 사용되게 하십시오. 하나님은 자기 몸을 드려 봉사하고 헌신하는 자에게 강건함의 축복을 베풀어 주실 것입니다.

• 해설 TIP • 오랄 로버츠 목사님과 조용기 목사님

오랄 로버츠 목사님은 17살 때 폐병 3기로 피를 토하며 죽어가다가 부흥회에서 성령의 불을 받고 완전히 치유되었습니다. 이후 오랄 로버츠 목사님은 전 세계에 복음을 전하며 위대한 하나님의 종으로 쓰임 받았는데, 목사님이 한평생 붙잡고 사역하던 말씀이 바로 요한삼서 1장 2절입니다.

조용기 목사님 역시 17살에 폐병으로 고통당하다가 예수님을 만나 치료받았습니다. 이후 조용기 목사님도 하나님 앞에 크게 쓰임 받아서 세계 최대 교회인 여의도순복음교회를 세우고 한국을 넘어 세계 전역을 다니며 복음을 전하셨습니다. 그리고 오랄 로버츠 목사님의 영향을 받아서 조용기 목사님도 요한삼서 1장 2절을 바탕으로 삼중축복의 메시지를 전하신 것입니다.

건강해야 주님의 일을 할 수 있습니다. 건강해야 복음을 만방에 전할 수 있습니다. 그렇기에 하나님은 하나님의 일꾼에게 강건함의 축복을 주십니다. 주님이 주신 건강한 몸으로 온 세계를 다니며 주님의 영광을 나타내고 귀한 사역을 감당하는 우리 모두가 되기를 소망합니다.

· 적용을 위한 질문 ·

1. 나는 질병을 치유 받은 경험이 있나요? 하나님의 치유를 마땅히 간구하고 있는지 스스로 점검해 보고, 가족과 주변의 아픈 이들을 위해 기도해 보세요.

   ....
   ....
   ....
   ....

2. 나는 하나님이 주신 건강을 감사히 여기고 있나요? 강건함의 축복을 누리기 위해 내가 할 수 있는 구체적인 방법을 적어보세요.

   ....
   ....
   ....
   ....

Part 2.
순복음의 7대 신앙

순복음 신앙은 성경 말씀을 근거로 순복음 성도가 반드시 갖춰야 할 신앙의 기초를 7가지로 설명하는데, 이것이 '순복음의 7대 신앙'입니다. 순복음의 7대 신앙은 예수 그리스도의 대속의 은혜를 믿는 '갈보리 십자가 신앙'으로 시작하여, 능력 있는 신앙인이 되기 위한 '오순절 성령충만의 신앙', 복음 전파의 사명을 감당하는 '땅끝까지 전하는 신앙', 좋은 것으로 채워주시는 하나님을 믿는 '좋으신 하나님 신앙', 치료와 회복의 은혜를 체험하는 '병을 짊어지신 예수님 신앙', 천국 소망을 바라보는 '다시 오실 예수님 신앙', 그리고 이웃 사랑과 봉사를 실천하는 '나누어 주는 신앙'으로 마무리됩니다.

"우리는 다 양 같아서 그릇 행하여 각기 제 길로 갔거늘 야훼께서는 우리 모두의 죄악을 그에게 담당시키셨도다"
- 이사야 53장 6절

제4강

갈보리 십자가 신앙

1. 죄로 인해 타락한 인간
　1) 불순종의 죄
　2) 죄의 형벌
　3) 죄와 사망의 권세 아래 처한 인간

2. 예수 그리스도의 십자가 구원
　1) 영원한 속죄
　2) 예수님의 부활

3. 거듭남의 은혜
　1) 거듭남의 의미
　2) 회개와 믿음
　3) 거듭남의 결과

제4강 갈보리 십자가 신앙

• 핵심 포인트 •

우리는 죄로 인해 죽을 수밖에 없는 존재였지만, 예수 그리스도의 십자가 대속을 통해 죄 사함을 얻고 믿음으로 구원받았습니다.

• 주제말씀 •

"우리는 다 양 같아서 그릇 행하여 각기 제 길로 갔거늘 야훼께서는 우리 모두의 죄악을 그에게 담당시키셨도다"

_ 이사야 53장 6절

"너희가 알거니와 너희 조상이 물려 준 헛된 행실에서 대속함을 받은 것은 은이나 금 같이 없어질 것으로 된 것이 아니요 오직 흠 없고 점 없는 어린 양 같은 그리스도의 보배로운 피로 된 것이니라"

_ 베드로전서 1장 18-19절

갈보리 십자가 신앙은 우리 순복음교회 신앙과 교리의 핵심입니다. 예수 그리스도의 십자가 없는 신앙은 참 신앙이 아닙니다. 그렇기에 사도 바울은 예수님과 예수님이 십자가에 못 박힌 사실 외에는 아무것도 알지 않기로 작정했다고 고백합니다(고전 2:2).

순복음의 갈보리 십자가 신앙이란 죄 때문에 죽을 수밖에 없는 우리가 구원받을 길은 오직 예수 그리스도의 십자가뿐임을 철저히 믿는 신앙입니다.

1. 죄로 인해 타락한 인간

1) 불순종의 죄

최초의 인간 아담과 하와는 에덴동산에서 하나님과 교제하면서 모든 것을 풍족하게 누리며 살았습니다. 그러나 단 한 가지, 하나님이 그들에게 금하신 것이 있었습니다. 하나님은 동산 중앙에 있는 선악을 알게 하는 나무의 열매는 절대 먹지 말라고 명하셨습니다.

> **창 2:16-17** 야훼 하나님이 그 사람에게 명하여 이르시되 동산 각종 나무의 열매는 네가 임의로 먹되 선악을 알게 하는 나무의 열매는 먹지 말라 네가 먹는 날에는 반드시 죽으리라

하시니라

선악과는 하나님의 주권을 상징하는 것이었습니다. 그러나 아담과 하와는 뱀의 꾐에 넘어가서 하나님이 금하신 선악과를 따먹었습니다. 하나님의 절대주권을 무시한 것이며, 하나님의 지엄한 명령에 불순종한 것입니다.

> **창 3:6** 여자가 그 나무를 본즉 먹음직도 하고 보암직도 하고 지혜롭게 할 만큼 탐스럽기도 한 나무인지라 여자가 그 열매를 따먹고 자기와 함께 있는 남편에게도 주매 그도 먹은지라

2) 죄의 형벌

하나님의 명령을 어기고 불순종의 죄를 범한 아담과 하와는 하나님과의 영적 관계가 깨어져서 하나님을 두려워하고 피하는 존재로 전락했습니다. 또한 그들의 죄로 인해 땅은 저주받고 질병과 죽음이 세상에 들어왔습니다. 타락한 인간은 결국 하나님을 떠나서 두려움과 불안, 가난과 질병, 고통과 죽음으로 뒤덮인 삶을 살게 된 것입니다.

> **창 3:17-19** 아담에게 이르시되 네가 네 아내의 말을 듣고 내가 네게 먹지 말라 한 나무의 열매를 먹었은즉 땅은 너로 말미암아 저주를 받고 너는 네 평생에 수고하여야 그 소산을 먹

으리라 땅이 네게 가시덤불과 엉겅퀴를 낼 것이라 네가 먹을 것은 밭의 채소인즉 네가 흙으로 돌아갈 때까지 얼굴에 땀을 흘려야 먹을 것을 먹으리니 네가 그것에서 취함을 입었음이라 너는 흙이니 흙으로 돌아갈 것이니라 하시니라

아담과 하와는 선악과를 따먹은 후 자신들이 벌거벗고 있음을 깨닫고 무화과나무 잎을 엮어서 몸을 가렸습니다. 그러나 무화과나무 잎은 햇빛에 쉽게 말라버렸기 때문에 그들의 부끄러움을 온전히 가릴 수 없었습니다. 하나님은 무화과나무 잎 대신에 짐승을 잡아 그 가죽으로 옷을 만들어 입히셨습니다.

창 3:21 야훼 하나님이 아담과 그의 아내를 위하여 가죽옷을 지어 입히시니라

가죽옷을 만들려면 짐승을 죽여 가죽을 얻어야 합니다. 죄 없는 짐승이 아담과 하와의 죄 때문에 죽은 것입니다. 이는 인간의 죄를 용서하시기 위해 장차 흠 없는 예수님이 십자가에서 피 흘려 돌아가실 것을 상징합니다(히 9:22).

3) 죄와 사망의 권세 아래 처한 인간

아담의 범죄로 죄와 사망이 세상에 들어왔고, 이후 모든 인간은 죄

와 사망의 권세 아래 놓이게 되었습니다. 인간은 한 사람도 예외 없이 모두 죄 가운데 살아가는 존재가 되었습니다.

> **롬 5:12** 그러므로 한 사람으로 말미암아 죄가 세상에 들어오고 죄로 말미암아 사망이 들어왔나니 이와 같이 모든 사람이 죄를 지었으므로 사망이 모든 사람에게 이르렀느니라

아무리 착한 사람이라도 평생 한 번도 죄를 짓지 않은 사람은 없습니다. 인간은 육신의 정욕과 안목의 정욕과 이생의 자랑을 따라 죄를 지으며 살아갑니다. 아무리 애쓰고 노력해도 죄에서 벗어날 수 없는 것이 우리 인간입니다.

> **롬 7:19-20** 내가 원하는 바 선은 행하지 아니하고 도리어 원하지 아니하는 바 악을 행하는도다 만일 내가 원하지 아니하는 그것을 하면 이를 행하는 자는 내가 아니요 내 속에 거하는 죄니라

인간은 죄로 인해 존귀한 하나님의 형상을 잃어버리고 타락하여 어디에서 와서 무엇을 하며 어디로 가는지 알지 못한 채 방황하며 살아가다가 영원히 멸망하게 될 절망적인 운명에 처하게 된 것입니다.

그러므로 인간은 스스로 죄의 문제를 해결할 수 없습니다. 그 누구도 죄의 굴레를 벗어날 수 없습니다. 죄 가운데 태어나서, 죄 가운데 살다가, 죄 가운데 죽어가는 것이 절대 절망에 처한 인간의 운명입니다.

2. 예수 그리스도의 십자가 구원

절대 절망에 빠진 인간을 구원하시기 위해 하나님의 아들이신 예수님이 육신을 입고 이 땅에 오셨습니다.

1) 영원한 속죄

죄의 삯은 사망입니다(롬 6:23). 그런데 생명은 피에 있으므로 죄의 대가를 치르고 생명을 살리기 위해서는 피를 흘려야 합니다.

> **레 17:11** 육체의 생명은 피에 있음이라 내가 이 피를 너희에게 주어 제단에 뿌려 너희의 생명을 위하여 속죄하게 하였나니 생명이 피에 있으므로 피가 죄를 속하느니라

구약시대에는 죄지은 사람을 대신해 짐승이 피를 흘리며 죽었습니다. 대제사장은 그 피를 지성소에 있는 속죄소에 뿌려 속죄제사를 드렸습니다(레 16:14). 하지만 짐승의 피는 온전하지 않기 때문에 사람

이 죄를 지을 때마다 짐승을 죽여 피를 뿌려야 했습니다.

> **히 10:1** 율법은 장차 올 좋은 일의 그림자일 뿐이요 참 형상이 아니므로 해마다 늘 드리는 같은 제사로는 나아오는 자들을 언제나 온전하게 할 수 없느니라

구약의 제사로는 인류의 죄 문제를 해결할 수 없습니다. 그래서 하나님이 모든 죄를 단번에 영원히 대속하시기 위해 예수님을 이 땅에 보내셨습니다. 예수님은 모든 인류의 죄를 짊어지시고 속죄 제물이 되셨습니다. 흠 없는 어린양 되신 예수님이 십자가에서 피 흘려 돌아가심으로써 우리를 위한 영원한 속죄를 이루신 것입니다.

> **히 9:11-12** 그리스도께서는 장래 좋은 일의 대제사장으로 오사 손으로 짓지 아니한 것 곧 이 창조에 속하지 아니한 더 크고 온전한 장막으로 말미암아 염소와 송아지의 피로 하지 아니하고 오직 자기의 피로 영원한 속죄를 이루사 단번에 성소에 들어가셨느니라

예수님은 십자가에서 고난당하실 때 "내가 다 이루었다"(요 19:30)라고 말씀하시고 마지막 숨을 거두셨습니다. '다 이루었다'라는 것은 완성을 의미합니다. 하나님이 예수님을 통해 이루고자 하신 구원 사

역이 완성된 것입니다. 예수님의 십자가 죽음을 통해 인류의 과거, 현재, 미래의 모든 죄가 사해졌습니다.

> **· 해설 TIP ·** **'다 이루었다'의 의미**
>
> '다 이루었다'라는 단어는 헬라어로 '테텔레스타이'입니다. 이 단어는 현재 완료형 수동태 시제로 되어 있으며, 상업적인 용어로서 '돈을 다 지불했다. 전혀 빚을 지지 않았다.'라는 의미를 담고 있습니다.

2) 예수님의 부활

십자가에서 모든 죄를 대속하신 예수님은 죄와 사망의 권세를 이기고 부활하셨습니다.

> **골 2:14-15** 우리를 거스르고 불리하게 하는 법조문으로 쓴 증서를 지우시고 제하여 버리사 십자가에 못 박으시고 통치자들과 권세들을 무력화하여 드러내어 구경거리로 삼으시고 십자가로 그들을 이기셨느니라

부활하신 예수님은 많은 사람에게 그 모습을 보이심으로써 부활의 사실을 확증해 주셨습니다. 부활 후 승천하시기 전까지 40일간 제자들과 막달라 마리아와 여러 형제 등 500여 명에게 나타나셨습니

다. 또한 이후에 다메섹 도상에서 바울에게도 나타나셨는데, 바울은 고린도전서를 기록하면서 부활하신 예수님을 본 자가 대다수 살아있다고 증언했습니다(고전 15:4-8).

예수님의 부활은 분명한 역사적 사실입니다. 예수님이 죄의 결과로 다가온 죽음을 이기고 다시 사셨습니다. 나아가 예수님의 십자가 죽음과 부활을 믿는 사람은 모두 죄 사함을 받고 의롭다 칭함을 얻게 됩니다.

우리는 예수 보혈의 공로로 용서받은 의인이 되었습니다. 이젠 그 누구도 우리를 정죄할 수 없습니다.

롬 8:33-34 누가 능히 하나님께서 택하신 자들을 고발하리요 의롭다 하신 이는 하나님이시니 누가 정죄하리요 죽으실 뿐 아니라 다시 살아나신 이는 그리스도 예수시니 그는 하나님 우편에 계신 자요 우리를 위하여 간구하시는 자시니라

아담을 통해 죄와 사망이 온 것처럼, 예수 그리스도를 통해 구원과 영생이 우리에게 주어졌습니다(롬 5:17-18). 예수님을 믿는 자는 예수님과 연합되어 부활 생명을 얻게 됩니다(벧전 1:3). 예수님의 부활은 우리의 부활이요, 예수님의 승리는 우리의 승리입니다.

3. 거듭남의 은혜

예수님을 믿기 전에는 죄의 굴레에서 헤어날 수 없고, 절망적인 인간의 실존에서 벗어날 수 없습니다. 그러나 누구든지 예수님을 믿으면 거듭나서 새로운 존재가 됩니다. 이를 신학적인 용어로 '중생', 즉 '거듭남'이라고 말합니다.

1) 거듭남의 의미

사람은 한 번 태어납니다. 그러나 크리스천은 두 번 태어납니다. 크리스천의 두 번째 태어남을 거듭남이라고 하는데, 거듭남의 의미는 예수님과 니고데모의 대화 속에 잘 나타납니다.

어느 날 니고데모가 예수님을 찾아와 어떻게 구원을 얻을 수 있는지 물었을 때 예수님은 거듭나야 한다고 말씀하셨습니다. 이 말씀을 제대로 이해하지 못한 니고데모는 어머니 배속에 들어갔다가 다시 나와야 하냐고 되물었습니다. 그러자 예수님은 사람이 물과 성령으로 나지 아니하면 하나님 나라에 들어갈 수 없다고 하시며 거듭나는 것은 육이 아니라 영이라고 설명해 주셨습니다.

> 요 3:5-6 예수께서 대답하시되 진실로 진실로 네게 이르노니 사람이 물과 성령으로 나지 아니하면 하나님의 나라에 들어

갈 수 없느니라 육으로 난 것은 육이요 영으로 난 것은 영이니

우리가 예수님을 믿을 때 우리의 영은 다시 태어납니다. 성령님이 오셔서 우리를 감동, 감화시키시고 우리의 영이 거듭나게 해주시는 것입니다. 사도 바울은 이렇게 거듭난 사람을 '새로운 피조물'이라고 칭했습니다.

> **고후 5:17** 그런즉 누구든지 그리스도 안에 있으면 새로운 피조물이라 이전 것은 지나갔으니 보라 새 것이 되었도다

사람이 태어날 때 해산의 고통이 따르고 많은 피를 흘려야 하는 것처럼, 우리의 거듭남을 위해 예수님이 십자가에 못 박히고 물과 피를 쏟으셨습니다. 그래서 예수님의 갈보리 십자가가 없다면 거듭남 자체가 불가능합니다. 거듭남의 은혜는 오직 예수님의 갈보리 십자가를 통해 옵니다.

2) 회개와 믿음

거듭남의 은혜를 체험하기 위해서는 먼저 죄의 회개가 있어야 합니다. 회개는 헬라어로 '메타노니아'인데, 이는 '방향 전환'을 의미합니다. 즉, 회개는 단순히 입술로 "잘못했다."라고 말하는 차원이 아니라, 죄에서 분리되어 완전히 삶을 돌이키는 것을 뜻합니다.

예수님과 침례 요한은 천국 복음을 전파할 때 제일 먼저 회개를 촉구했습니다(마 3:2, 4:17). 오순절 날 성령충만을 받은 베드로도 첫 설교에서 회개를 강조했습니다(행 2:38).

하나님은 우리가 회개하기를 기다리고 계십니다. 누가복음 15장에 나오는 아버지처럼 우리가 회개하고 주님께 돌아올 때 하나님은 사랑으로 우리를 품어주십니다.

눅 15:20 이에 일어나서 아버지께로 돌아가니라 아직도 거리가 먼데 아버지가 그를 보고 측은히 여겨 달려가 목을 안고 입을 맞추니

· 해설 TIP · 존 뉴턴의 회개

「나 같은 죄인 살리신」(Amazing Grace)이라는 곡은 세계에서 가장 많이 불리는 찬양 가운데 하나입니다. 이 찬양은 노예선 선장이었던 존 뉴턴이 하나님을 만난 후 지난날의 죄를 회개하며 지은 신앙고백의 시로 만들었습니다. 그는 노년에 구원의 은혜에 감격하며 다음과 같이 고백했습니다.

"나의 기억은 점점 사라져 갑니다. 그러나 두 가지만은 기억합니다. 하나는 내가 엄청난 죄인이었다는 것이고, 다른 하나는 그리스도는 위대한 구세주라는 것입니다."

또한 거듭남의 은혜를 누리기 위해서는 믿음이 필요합니다. 예수님이 십자가에서 우리의 모든 죄를 대속하시고 부활하신 사실을 믿고, 예수님만이 우리의 구세주가 되심을 입으로 시인해야 합니다.

롬 10:9-10 네가 만일 네 입으로 예수를 주로 시인하며 또 하나님께서 그를 죽은 자 가운데서 살리신 것을 네 마음에 믿으면 구원을 받으리라 사람이 마음으로 믿어 의에 이르고 입으로 시인하여 구원에 이르느니라

하나님은 구원의 은혜를 우리에게 선물로 값없이 주셨습니다. 그러나 우리가 믿음의 손을 내밀지 않으면 그 선물을 받을 수 없습니다. 믿음으로 구원에 이른다는 사실을 분명히 기억하길 바랍니다.

3) 거듭남의 결과

회개와 믿음을 통해 거듭난 사람은 새사람이 되어 새로운 삶을 살게 됩니다.

① 하나님의 자녀

우리는 본래 멸망할 수밖에 없는 진노의 자녀였습니다. 하지만 우리가 거듭나면 하나님을 '아버지'라고 부를 수 있는 하나님의 자녀가 됩니다.

요 1:12 영접하는 자 곧 그 이름을 믿는 자들에게는 하나님의 자녀가 되는 권세를 주셨으니

본래 하나님의 아들은 오직 한 분, 예수 그리스도뿐이시지만, 우리도 "양자의 영"(롬 8:15)을 받아 하나님의 자녀가 된 것입니다. 그러므로 이제 우리는 하나님의 자녀답게 살아야 할 책무가 있습니다. 예수님을 만나기 이전의 모습, 옛 사람의 말과 생각과 행동은 버리고, 살아가는 매 순간 하나님의 자녀라는 존귀한 신분을 잊지 말아야 할 것입니다.

② 칭의

율법은 우리에게 무엇이 잘못되었는지 지적하고 죄를 드러낼 뿐, 율법을 지킨다고 해서 의롭게 되는 것은 아닙니다. 하나님 앞에 의롭다 칭함을 받을 수 있는 길은 오직 믿음뿐입니다. '믿음으로 의롭다 칭함을 받는다.'라는 것이 개신교 구원 사상의 핵심입니다. 신학적인 용어로는 '이신칭의'라고 합니다.

롬 1:17 복음에는 하나님의 의가 나타나서 믿음으로 믿음에 이르게 하나니 기록된 바 오직 의인은 믿음으로 말미암아 살리라 함과 같으니라

우리가 믿음으로 거듭나면 하나님으로부터 의인이라고 인정받게

되어 더 이상 죄와 마귀의 권세가 우리를 해하지 못합니다. 비록 거듭난 후에도 우리는 우리 안의 죄성과 싸워야 하고 죄의 유혹에 넘어갈 때도 있지만, 믿음이 흔들리면 안 됩니다. 우리는 예수님이 십자가에서 모든 죄를 대속하셨다는 사실을 의심치 말고 믿음 위에 굳게 서야 합니다. 우리는 예수 그리스도의 십자가를 통해 구원받았습니다.

또한 우리는 우리 자신의 의가 아니라, 하나님의 의로 의롭게 되었다는 사실을 늘 마음에 새겨야 합니다. 내가 신앙생활을 잘해서, 내가 예배를 잘 드리고 헌금을 많이 해서, 혹은 내가 봉사를 잘해서 의롭게 된 것이 아닙니다. 진정한 크리스천은 "나의 힘으로는 할 수 없습니다. 예수님만이 나의 의가 되시며 나의 모든 것이 되십니다."라고 고백할 뿐입니다.

'갈보리 십자가 신앙'을 가진 순복음의 성도는 예수 그리스도의 십자가 죽음과 부활을 통해 죄 사함을 받고 구원받았음을 철저히 믿어야 합니다. 어떤 상황에서도 이 믿음을 잃지 말고, 하나님이 선물로 주신 구원의 은혜에 감사하며 살아야 합니다.

• 적용을 위한 질문 •

1. 나는 언제 거듭남의 은혜를 체험했나요? 내가 예수 그리스도를 구주로 영접하고 거듭나게 된 경험에 대해 적어보세요.

   ....

   ....

   ....

   ....

2. 나는 예수님의 십자가 은혜에 감격하며 살고 있나요? 나에게 구원받은 하나님의 자녀답지 못한 모습이 있는지 돌아보고 고쳐야 할 점을 적어보세요.

   ....

   ....

   ....

   ....

"오순절 날이 이미 이르매 … 그들이 다 성령의 충만함을 받고 성령이 말하게 하심을 따라 다른 언어들로 말하기를 시작하니라"

- 사도행전 2장 1-4절

제5강
오순절 성령충만의 신앙

1. 오순절 성령강림 사건
   1) 오순절의 의미
   2) 오순절 성령강림 사건
   3) 오순절 성령강림의 의의

2. 성령님은 누구신가?
   1) 하나님이신 성령님
   2) 인격을 지니신 분
   3) 성령님이 하시는 일

3. 성령충만한 신앙생활
   1) 성령침례
   2) 성령충만
   3) 성령의 은사
   4) 성령의 열매

제5강 오순절 성령충만의 신앙

· 핵심 포인트 ·

우리는 오순절에 임한 성령충만의 역사가 지금도 계속됨을 믿으며 날마다 성령의 충만함을 받기 위해 간구합니다.

· 주제말씀 ·

"오순절 날이 이미 이르매 그들이 다같이 한 곳에 모였더니 홀연히 하늘로부터 급하고 강한 바람 같은 소리가 있어 그들이 앉은 온 집에 가득하며 마치 불의 혀처럼 갈라지는 것들이 그들에게 보여 각 사람 위에 하나씩 임하여 있더니 그들이 다 성령의 충만함을 받고 성령이 말하게 하심을 따라 다른 언어들로 말하기를 시작하니라"

_ 사도행전 2장 1-4절

오순절 성령충만의 신앙은 오순절에 120명의 제자에게 임한 성령님의 역사와 초대교회가 보여준 부흥을 재현하기 위해 힘쓰는 신앙입니다. 따라서 오순절 성령충만의 신앙을 이해하기 위해서는 오순절 성령강림 사건이 무엇인지, 성령님은 누구이시며 어떤 일을 하시는지, 성령충만한 삶은 무엇인지 알아야 합니다.

1. 오순절 성령강림 사건

1) 오순절의 의미

오순절은 유월절, 초막절과 함께 이스라엘의 3대 절기 중 하나입니다. 이날은 유월절로부터 오순(五旬), 즉 50일째 되는 날로 이스라엘 백성이 가나안 땅에 들어와 얻은 수확에 대해 하나님께 감사하는 명절입니다. 오순절은 '칠칠절'이라고도 불렀는데 매해 추수한 보리의 첫 곡식단을 요제로 바친 후 7주가 지난 이튿날(50일째)을 지내는 명절이기 때문입니다.

> **레 23:15-16** 안식일 이튿날 곧 너희가 요제로 곡식단을 가져온 날부터 세어서 일곱 안식일의 수효를 채우고 일곱 안식일 이튿날까지 합하여 오십 일을 계수하여 새 소제를 야훼께 드리되

유월절이 애굽의 속박에서 구원해 주신 하나님께 감사하는 절기라면, 오순절은 약속의 땅에 도착해 땅의 소산물을 먹게 된 것을 감사하며 기뻐하는 명절입니다. 이후 오순절은 이스라엘 백성이 시내산에서 율법을 받은 날을 기념하기 위한 의미로도 확대되었습니다. 그래서 유대인들은 매해 오순절을 지키기 위해 성전이 있는 예루살렘으로 모여들었습니다.

2) 오순절 성령강림 사건

예수님이 승천하신 후 오순절에 120명의 제자가 기도하던 중 그들에게 성령님이 임하셨습니다. 이때 세 가지 현상이 동반되었습니다.

> **행 2:1-4** 오순절 날이 이미 이르매 그들이 다같이 한 곳에 모였더니 홀연히 하늘로부터 급하고 강한 바람 같은 소리가 있어 그들이 앉은 온 집에 가득하며 마치 불의 혀처럼 갈라지는 것들이 그들에게 보여 각 사람 위에 하나씩 임하여 있더니 그들이 다 성령의 충만함을 받고 성령이 말하게 하심을 따라 다른 언어들로 말하기를 시작하니라

① 바람

먼저 하늘로부터 강한 바람 같은 소리가 있어 그들이 있던 집에 가득했습니다. 여기서 바람은 헬라어로 '프뉴마'인데, 히브리어로는 '루

아흐'에 해당합니다. 루아흐와 프뉴마는 바람뿐 아니라 하나님의 영, 생기, 숨을 의미하기도 합니다(창 1:1; 겔 37:9-10; 요 3:8; 롬 8:9). 특히 루아흐는 살아나게 하는 능력, 회복시키는 능력이 있습니다. 하나님의 영이신 성령님이 강한 바람처럼 임하셔서 흑암의 권세를 몰아내고 마른 뼈와 같던 우리의 삶을 회복시켜 주십니다.

② 불

또한 불의 혀처럼 갈라지는 것들이 그들에게 임했습니다. 불은 하나님의 능력, 임재, 심판을 의미합니다. 성령님이 우리에게 임하시면 우리 마음의 죄가 불살라지고(롬 8:1-2), 열정적인 복음의 증인으로 변화됩니다(행 1:8).

③ 방언

성령님이 제자들에게 임하셨을 때 그들 모두 다른 언어로 기도하기 시작했습니다. 이를 '방언 기도'라고 부릅니다. 방언 기도의 가장 큰 특징은 "성령이 말하게 하심을 따라"(행 2:4) 말한다는 것입니다. 그렇기에 방언 기도는 우리를 더욱 깊은 하나님의 은혜 가운데로 이끌어 갑니다(고전 14:2). 또한 우리가 기도할 바를 알지 못할 때 방언으로 기도하면, 성령님이 우리를 대신해 하나님께 우리의 소원을 간구하십니다(롬 8:26).

3) 오순절 성령강림의 의의

① 약속의 성취

오순절 성령강림 사건은 하나님 약속의 성취였습니다. 하나님은 구약의 선지자들을 통해 말세에 하나님의 영이신 성령님이 오실 것이라고 말씀하셨습니다(사 32:15; 겔 36:26-27; 욜 2:23, 28-29). 또한 예수님도 승천하시기 전 제자들에게 하나님이 약속하신 것을 기다리라 명하시면서, 머지않아 성령으로 침례를 받게 될 것이라고 말씀하셨습니다(행 1:4-5).

② 종말의 도래

오순절 성령강림 사건은 종말 시대가 다가왔음을 의미합니다. 그래서 사람들이 성령으로 충만한 제자들을 향해 새 술에 취한 것이라고 말할 때 베드로가 일어나서 이는 요엘 선지자의 예언이 이루어진 것이라고 증언했습니다.

> 행 2:16-17 이는 곧 선지자 요엘을 통하여 말씀하신 것이니 일렀으되 하나님이 말씀하시기를 말세에 내가 내 영을 모든 육체에 부어 주리니 너희의 자녀들은 예언할 것이요 너희의 젊은이들은 환상을 보고 너희의 늙은이들은 꿈을 꾸리라

성령님은 마지막 때의 추수 사역을 위해 나이와 지위와 인종과 민족의 경계를 넘어 모든 사람에게 역사하십니다. 오순절 성령강림 사건을

계기로 비로소 성령님의 시대가 시작된 것입니다.

2. 성령님은 누구신가?

1) 하나님이신 성령님

성경은 성령님이 하나님이시라고 분명히 밝히고 있습니다. 초대교회에 아나니아와 삽비라가 땅값의 일부를 감추었을 때, 베드로는 그들이 성령님을 속인 일은 곧 하나님을 속인 일이라고 꾸짖으면서 성령님이 곧 하나님이심을 증언했습니다.

> **행 5:3-4** 베드로가 이르되 아나니아야 어찌하여 사탄이 네 마음에 가득하여 네가 성령을 속이고 땅 값 얼마를 감추었느냐 땅이 그대로 있을 때에는 네 땅이 아니며 판 후에도 네 마음대로 할 수가 없더냐 어찌하여 이 일을 네 마음에 두었느냐 사람에게 거짓말한 것이 아니요 하나님께로다

하나님이신 성령님은 하나님과 본질적으로 같은 속성을 가지고 계십니다. 즉, 성령님은 영원하시고(히 9:14), 전지하시며(고전 2:10), 전능하시고(눅 1:35), 무소부재하신(시 139:7-8) 하나님이십니다.

2) 인격을 지니신 분

성령님은 단순한 능력이나 힘이 아닙니다. 성령님은 지·정·의를 지니신 인격체로서 우리와 인격적으로 교제하시는 분입니다. 성령님은 지성이 있으시기에 하나님의 깊은 지식에까지 통달하시며(고전 2:10), 성경의 저자들에게 임하셔서 성경을 기록하게 하셨습니다(딤후 3:16). 또한 성령님은 감정이 있으시기에 우리에게 하나님의 사랑을 부어주시며(롬 5:5), 우리 때문에 근심하시고(엡 4:30) 탄식하십니다(롬 8:26). 마지막으로 성령님은 의지가 있으셔서 자신의 뜻대로 일을 결정하시고 행하십니다(행 16:6-7; 고전 12:11).

• 해설 TIP • **순복음의 구호**

순복음 신앙은 성령님과의 인격적인 교제를 중요하게 여깁니다. 서대문 시절 성도가 3천 명이 되었을 때 교회 성장이 멈췄습니다. 조용기 목사님이 여러 가지 방법을 시도했지만, 소용이 없었습니다. 그러던 어느 날 조 목사님이 기도 중에 "너는 왜 성령님과 교제하지 않느냐?"라는 하나님의 음성을 듣게 되었습니다. 이때 조 목사님은 큰 깨달음을 얻고 이후부터 성령님과의 인격적인 교제를 강조하며 다음과 같은 구호를 외쳤습니다.

"The Holy Spirit, let's go! 성령님, 함께 갑시다!"
"성령님, 인정합니다. 환영합니다. 모셔 들입니다."

3) 성령님이 하시는 일

① 성도와 함께하심

성령님은 우리와 함께하시는 분입니다. 예수님은 십자가 사역을 앞두고 제자들에게 "그가 또 다른 보혜사를 너희에게 주사 영원토록 너희와 함께 있게 하리니"(요 14:16)라고 말씀하셨습니다. '보혜사'는 헬라어로 '파라클레토스'입니다. 이 단어는 '부르심을 받아 곁에 와 계신 분'이라는 뜻으로 '상담자, 변호자, 중재자, 위로자' 등으로 번역되곤 합니다. 그렇기에 보혜사로 오신 성령님은 우리 곁에서 우리를 위로하고 도우시며, 우리와 하나님 사이를 중재하는 일을 하십니다.

② 성도를 가르치심

성령님은 예수님이 하신 말씀을 생각나게 하고 가르쳐 주십니다(요 14:26). 하나님의 말씀은 성령의 영감을 통해 기록되었기에 성령의 조명을 통해 깨닫게 됩니다. 그래서 사도 바울은 자신이 복음을 전할 때 '사람의 지혜'로 한 것이 아니라 '성령님이 가르치신 것'으로 했다고 고백했습니다(고전 2:13).

③ 예수님을 증언하심

성령님은 예수님을 증언하십니다(요 15:26). 그래서 우리가 성령충만을 받으면 예수님을 증언하는 성령님의 사역에 자연스럽게 동참하게 됩니다. 성령님으로 충만할 때, 성령의 권능을 받고 예수 그리스도의 복음을 증언하는 능력 있는 증인이 될 수 있습니다(행 1:8).

④ 세상을 책망하심

성령님은 죄, 의, 심판에 대해서 세상을 책망하십니다(요 16:7-8). 예수님을 믿지 않는 것이 죄이며 불의한 것입니다. 또한 예수님을 믿지 않는 자는 마침내 심판받게 될 것입니다. 그래서 성령님의 책망은 우리를 주님 앞으로 나와 회개하게 만듭니다.

⑤ 진리 가운데로 인도하심

진리의 영이신 성령님은 우리를 진리 가운데로 인도하십니다(요 14:17, 16:13). 그래서 우리는 성령님을 통해 이전에 깨닫지 못한 놀라운 진리를 깨닫게 하십니다. 무엇보다 성령님은 우리를 참 진리 되신 예수님께로 인도하십니다(요 14:6). 성령님의 인도하심 없이는 예수님만이 참 구주이심을 깨달을 수도 없고 고백할 수도 없습니다.

3. 성령충만한 신앙생활

성경에서는 성령 체험에 대해 '성령을 받는 것'(행 8:17), '성령을 부어주시는 것'(행 10:45), '위로부터 능력으로 입혀지는 것'(눅 24:49) 등으로 표현하고 있습니다. 이러한 성령 체험은 모두 하나님의 선물이며 역사인데, 교리적으로는 '성령침례'와 '성령충만'으로 나누어 살펴볼 수 있습니다.

1) 성령침례

① 성령침례의 의미

성령침례는 성도가 성령님 안에 완전히 잠기는 체험을 말합니다. 이러한 성령침례의 체험은 중생(거듭남)과 동시에 일어날 수는 있으나 분명히 구별되는 체험입니다.

사도 바울이 에베소에 와서 한 무리의 제자를 만났을 때 "너희가 믿을 때 성령을 받았느냐?"라고 묻자, 그들은 성령님이 계심도 듣지 못했다고 대답했습니다. 이에 바울이 제자들에게 안수하자 비로소 성령침례를 받았습니다.

> 행 19:1-7 아볼로가 고린도에 있을 때에 바울이 윗지방으로 다녀 에베소에 와서 어떤 제자들을 만나 이르되 너희가 믿을 때에 성령을 받았느냐 이르되 아니라 우리는 성령이 계심도 듣지 못하였노라 … 바울이 그들에게 안수하매 성령이 그들에게 임하시므로 방언도 하고 예언도 하니 모두 열두 사람쯤 되니라

이를 볼 때, 중생과 성령침례는 성도가 체험해야 하는 두 가지의 다른 체험임을 알 수 있습니다. 즉, 중생이 예수님을 믿고 거듭나서 영생을 얻는 체험이라고 한다면, 성령침례는 중생 이후 성도가 성령님의 기름 부음을 받고 성령님께 완전히 사로잡히는 체험이라고 말할 수 있습니다.

② 성령침례의 증거

성령침례의 대표적인 외적 증거는 방언입니다. 사도행전에는 성령침례를 받는 사건이 다섯 군데 기록되어 있습니다(행 2:1-4, 8:14-19, 9:17-18, 10:44-46, 19:6). 그중 세 군데에서는 성령침례를 받을 때 방언을 말한 현상이 함께 나타났고, 나머지 두 군데에서는 방언에 대한 직접적인 언급이 없으나 여러 가지 정황상 방언이 나타났다고 추측할 수 있습니다. 그렇기에 순복음 신앙에서는 성령침례의 외적 증거를 방언이라고 믿습니다.

성령침례를 받으면 방언과 같은 외적 증거뿐만 아니라 내적으로도 구원의 확신을 얻게 됩니다. 성령침례는 언제, 어디서, 어떻게 받았는지 분명히 알 수 있는 확실한 체험입니다. 이 같은 확실한 체험 덕분에 예수님의 제자들은 하나님의 영을 받은 것이라고 강력하게 증언할 수 있었습니다(행 2:13-21). 이처럼 성령침례를 받은 사람은 성령님이 자신에게 임하신 생생한 체험을 바탕으로 강한 확신을 지닌 성도로 살아가게 됩니다.

2) 성령충만
① 성령충만의 의미

하나님은 성도들이 주님의 일을 부족함 없이 할 수 있도록 성령의 은사를 선물로 주십니다. 또한 성도는 성령충만을 통해 예수님의 형상을 닮아가는 성령의 열매를 맺게 됩니다. 이처럼 외적인 성령의 은사와 내적인 성령의 열매가 충만하게 되는 것을 성령충만이라고 말합니다.

성령충만은 성령침례와 마찬가지로 성령님 안에 완전히 잠기는 것을 뜻하는데, 첫 번째 성령충만의 경험을 '성령침례'라고 부르고 이후 성령으로 충만한 상태가 지속되는 것을 '성령충만'이라고 구별하여 부릅니다. 성도는 처음 성령침례를 받은 것으로 만족해서는 안 됩니다. 믿음으로 승리하는 삶을 살기 위해서는 계속해서 성령의 재충만을 받아야 합니다. 그래서 사도 바울은 다음과 같이 권면했습니다.

엡 5:18 술 취하지 말라 이는 방탕한 것이니 오직 성령으로 충만함을 받으라

여기서 '받으라'라는 단어는 '현재 시제'입니다. 헬라어에서 현재

시제는 행위의 지속성을 강조합니다. 즉, 성령충만은 한 번 받고 끝나는 것이 아니라 항상 지속되어야 하는 영적인 체험입니다.

② 예수 충만

성령님은 그리스도의 영이십니다. 그렇기에 성령충만은 곧 예수 충만입니다.

> **갈 2:20** 내가 그리스도와 함께 십자가에 못 박혔나니 그런즉 이제는 내가 사는 것이 아니요 오직 내 안에 그리스도께서 사시는 것이라 이제 내가 육체 가운데 사는 것은 나를 사랑하사 나를 위하여 자기 자신을 버리신 하나님의 아들을 믿는 믿음 안에서 사는 것이라

우리가 성령충만을 받지 않으면 자기중심적인 삶, 즉 자기 자랑과 자신의 유익을 위한 삶을 살아갑니다. 그러나 그리스도의 영이신 성령으로 충만하면 인생의 모든 목적이 예수님으로 가득하게 됩니다. 이 세상의 그 무엇보다도 예수님을 뜨겁게 사랑하고, 예수님만을 자랑하며, 예수님의 가르침을 전하는 삶을 살게 되는 것입니다.

3) 성령의 은사

성령의 은사는 성령님이 성도들에게 나누어 주시는 특별한 능력

이자 선물입니다.

> 고전 12:7-11 각 사람에게 성령을 나타내심은 유익하게 하려 하심이라 … 이 모든 일은 같은 한 성령이 행하사 그의 뜻대로 각 사람에게 나누어 주시는 것이니라

하나님은 그리스도의 몸인 성도들에게 여러 은사를 나누어 주셔서 성도들이 온전한 신앙을 갖고 봉사의 일을 하게 하십니다. 따라서 교회와 성도를 잘 섬기기 위해 우리는 성령의 은사를 잘 활용해야 합니다.

성령의 은사를 잘 활용하기 위해서는 사랑의 원리를 따라 은사를 활용해야 합니다. 사도 바울은 고린도전서 12장에서 아홉 가지 은사(지혜의 말씀, 지식의 말씀, 믿음, 병 고침, 능력 행함, 예언, 영들 분별함, 방언 말함, 방언 통역)를 소개한 후 그 은사들을 사랑의 원리에 따라 사용할 것을 권면했습니다.

> 고전 13:1-3 내가 사람의 방언과 천사의 말을 할지라도 사랑이 없으면 소리 나는 구리와 울리는 꽹과리가 되고 내가 예언하는 능력이 있어 모든 비밀과 모든 지식을 알고 또 산을 옮길 만한 모든 믿음이 있을지라도 사랑이 없으면 내가 아무 것도 아니요 내가 내게 있는 모든 것으로 구제하고 또 내 몸을 불사르게 내줄지라도 사랑이 없으면 내게 아무 유익이 없느니라

성령충만한 성도에게 여러 가지 은사가 나타날 수 있습니다. 그러나 그 은사를 사랑으로 사용하지 않으면 도리어 은사를 사용하는 것으로 인해 교회 안에 갈등이나 불화가 생기게 될 것입니다. 우리가 성령의 은사를 받게 되면 더욱 자신을 낮추고 겸손히 성령님만을 의지하며 교회의 덕을 세우는 일에 헌신해야 할 것입니다.

4) 성령의 열매

성령의 은사는 사실상 받는 자의 인격과 상관 없이 선물로 주어지는 것입니다. 다시 말해 인격적으로 성숙하지 않은 사람도 하나님의 일을 위해 방언을 포함한 여러 은사를 받을 수 있습니다. 그러나 성령의 열매는 성도의 내적 변화로서 신앙 성숙과 관련됩니다.

성령의 열매는 성도의 변화된 성품, 즉 예수님을 닮은 성품이라고 할 수 있습니다. 성령님은 자신의 옛 자아를 십자가에 못 박고 주님의 뜻대로 살고자 하는 성도의 인격 가운데 성령의 열매를 맺게 해주십니다. 사도 바울은 성령충만한 사람이 맺는 성령의 열매에 대해 다음과 같이 말했습니다.

> **갈 5:22-23** 오직 성령의 열매는 사랑과 희락과 화평과 오래 참음과 자비와 양선과 충성과 온유와 절제니 이같은 것을 금지할 법이 없느니라

사도 바울이 말한 성령의 열매는 세 가지로 분류할 수 있습니다.

첫째, '하나님과 나와의 관계'에서 맺혀지는 성령의 열매로 사랑, 희락, 화평이 여기에 속합니다. 성령충만한 성도는 마음 가운데 하나님의 사랑으로 가득 차서 하나님을 사랑하고 이웃을 사랑합니다. 또한 성령으로 충만하면 하나님 안에 거하면서 매일 기쁨과 평안을 누릴 수 있습니다.

둘째, '나와 이웃과의 관계'에서 맺혀지는 성령의 열매로 오래 참음, 자비, 양선이 여기에 속합니다. 성령충만한 성도는 고난 속에서도 모든 것이 합력하여 선을 이루게 하실 하나님을 믿고 인내합니다. 그리고 아낌없이 모든 것을 내어주신 예수님을 닮아 베푸는 삶을 살아가며 착한 성품과 행동을 나타내게 됩니다.

셋째, '나와 나 자신과의 관계'에서 맺혀지는 성령의 열매로 충성, 온유, 절제가 여기에 속합니다. 성령충만한 성도는 교회의 일을 비롯해 "무슨 일을 하든지 마음을 다하여 주께 하듯"(골 3:23) 합니다. 또한 온유하고 부드러운 성품을 지니며, 자기 욕심대로가 아니라 오직 성령님을 따라 행합니다.

> **· 해설 TIP ·** **열매의 의미**
>
> '성령의 열매'의 헬라어 원어에는 열매가 '카르포스'라는 단수로 기록되어 있습니다. 이는 성령의 아홉 가지 열매가 따로 맺혀지는 것이 아니라 '하나'로 맺혀지는 것을 의미합니다. 오렌지 껍질을 벗겨보면 그 안에 여러 알맹이가 하나로 뭉쳐 있는 것처럼 성령의 열매도 하나의 열매 속에 아홉 가지가 모두 담겨있습니다. 즉, 성도는 성령충만을 통해 성령의 아홉 가지 열매를 모두 맺는 삶을 살아가야 합니다.

그러므로 '오순절 성령충만의 신앙'을 가진 순복음의 성도는 성령의 은사를 받아 교회의 덕을 세우고, 성령의 열매를 맺음으로써 날마다 예수 그리스도를 닮아가는 작은 예수의 삶을 살아야 합니다.

· 적용을 위한 질문 ·

1. 내가 만난 성령님은 어떤 분인가요? 성령님과 더 친밀해지기 위해 내가 해야 할 일은 무엇인가요?

2. 내가 하나님께 받은 성령의 은사는 무엇인가요? 나는 그 은사를 어떻게 활용하고 있나요?

"오직 성령이 너희에게 임하시면 너희가 권능을 받고 예루살렘과 온 유대와 사마리아와 땅 끝까지 이르러 내 증인이 되리라 하시니라"

- 사도행전 1장 8절

제6강

땅끝까지 전하는 신앙

1. 복음 전파의 사명
　1) 예수님의 복음 전파
　2) 제자들의 복음 전파
　3) 예수님의 지상 명령

2. 성령님의 권능과 인도
　1) 능력 있는 복음의 증인
　2) 성령님의 인도하심

3. 전도자가 받는 축복
　1) 전도의 기쁨
　2) 빛나는 영예
　3) 자랑스러운 면류관

제 6 강 | 땅끝까지 전하는 신앙

· 핵심 포인트 ·

우리는 예수님의 지상 명령에 순종하여 땅끝까지 복음을 전하는 사명을 감당해야 합니다.

· 주제말씀 ·

"그러므로 너희는 가서 모든 민족을 제자로 삼아 아버지와 아들과 성령의 이름으로 침례를 베풀고 내가 너희에게 분부한 모든 것을 가르쳐 지키게 하라"

_ 마태복음 28장 19-20절

"오직 성령이 너희에게 임하시면 너희가 권능을 받고 예루살렘과 온 유대와 사마리아와 땅 끝까지 이르러 내 증인이 되리라 하시니라"

_ 사도행전 1장 8절

누군가 우리에게 "어떻게 예수님을 믿게 되었느냐? 언제 믿게 되었느냐?"라고 묻는다면 그 대답은 천차만별일 것입니다. 태중에 있을 때 부모님과 함께 교회를 다니게 된 모태 신앙인으로부터 이 땅에서의 생을 마감하기 직전에 예수님을 믿게 된 사람까지 신앙을 갖게 된 셀 수 없이 다양한 사례가 존재합니다.

그러나 우리가 예수님을 믿게 된 계기는 한 가지라고 말할 수 있습니다. 누군가가 우리에게 복음을 전해주었기 때문입니다. 복음을 전하는 자가 있었기에 오늘날 우리가 있습니다.

하나님은 이 세상에 있는 모든 사람이 예수 그리스도를 믿고 구원받기를 간절히 원하십니다. 그래서 믿지 않는 사람에게 복음을 전해 구원의 길로 인도해 줄 사람을 애타게 찾고 계십니다.

1. 복음 전파의 사명

복음 전파는 우리가 해도 되고 안 해도 되는 선택의 문제가 아닙니다. 복음 전파는 예수님을 구주로 믿는 자가 마땅히 감당해야 할 사명이며 교회의 존재 이유입니다.

1) 예수님의 복음 전파

복음은 헬라어로 '유앙겔리온'인데, 이는 '좋은'을 뜻하는 '유'와 '메신저, 소식'이라는 뜻을 가진 '앙겔리온'이라는 두 단어가 합쳐진 말입니다. 한자어로는 '福音'(복된 소리). 영어로는 '굿 뉴스'(Good News), 좋은 소식입니다. 무엇이 좋은 소식인가요?

하나님의 아들이신 예수님이 이 땅에 오셔서 구원의 길을 열어놓으신 것이 좋은 소식, 곧 복음입니다. 죽을 수밖에 없는 우리가 그리스도를 통해 영생을 얻게 되었으니, 이보다 더 좋은 소식은 없을 것입니다.

예수님은 이 땅에 사시는 동안 온 마을을 두루 다니며 천국 복음을 전하셨습니다. 예수님의 공생애 사역의 중심에 있는 것이 바로 복음 전파입니다.

> **마 9:35** 예수께서 모든 도시와 마을에 두루 다니사 그들의 회당에서 가르치시며 천국 복음을 전파하시며 모든 병과 모든 약한 것을 고치시니라

2) 제자들의 복음 전파

그런데 예수님은 복음 전파의 사역을 홀로 하지 않으셨습니다. 예

수님은 제자들을 부르셔서 그들을 전도의 일꾼으로 세우고자 하셨습니다.

> **막 3:13-15** 또 산에 오르사 자기가 원하는 자들을 부르시니 나아온지라 이에 열둘을 세우셨으니 이는 자기와 함께 있게 하시고 또 보내사 전도도 하며 귀신을 내쫓는 권능도 가지게 하려 하심이러라

예수님은 제자들과 함께하면서 그들에게 말씀을 가르치고 삶의 모범을 보이셨습니다. 이렇게 제자들을 훈련하신 후에 그들에게 전도의 사명을 주셨습니다. 제자의 정체성은 '사람을 낚는 어부'가 되는 것입니다(마 4:19). 예수님은 세상 가운데 제자들을 보내셔서 죄와 사망의 길을 가고 있는 사람들에게 복음의 빛을 비춰서 그들을 구원과 생명의 길로 인도하게 하셨습니다.

3) 예수님의 지상 명령

예수님은 승천하시기 전 제자들에게 유언과 같은 말씀을 남기셨는데, 이를 예수님의 '지상 명령'이라고 부릅니다.

> **마 28:18-20** 예수께서 나아와 말씀하여 이르시되 하늘과 땅의 모든 권세를 내게 주셨으니 그러므로 너희는 가서 모든 민족

을 제자로 삼아 아버지와 아들과 성령의 이름으로 침례를 베풀고 내가 너희에게 분부한 모든 것을 가르쳐 지키게 하라 볼지어다 내가 세상 끝날까지 너희와 항상 함께 있으리라 하시니라

예수님의 지상 명령의 핵심은 전도입니다. 모든 민족에게 복음을 전해서 그들을 제자로 삼으라는 것입니다. '제자'는 예수님의 말씀을 지켜 행하고 예수님의 삶을 따르는 사람을 말합니다. 구원받은 성도는 단지 구원받은 것에서 만족하지 말고 예수님의 제자 된 삶을 살아야 합니다.

'제자로 삼으라'라는 명령에는 '가라', '침례를 베풀라', '가르쳐 지키게 하라'라는 세 가지 원리가 포함되어 있습니다.

① 가라
예수님은 먼저 제자들을 향해 '가라'라고 명령하셨습니다. 제자들은 "너희는 가서 … 예루살렘과 온 유대와 사마리아와 땅 끝까지 이르러 내 증인이 되리라"(행 1:8)라는 예수님의 말씀에 순종하여 복음 전파의 길을 갔습니다. 예수님의 복음을 들고 자신들이 살던 지역을 떠나 문화와 인종과 국가의 장벽을 넘어 앞으로 나아갔습니다.

우리도 예수님의 지상 명령에 순종하여 복음을 들고 가야 합니다. 자기 가족과 친구와 주변 사람들에게 복음을 전해야 하고, 아직 복음을 듣지 못한 미전도 종족이 있는 곳에도 복음을 들고 가야 합니다.

② 침례를 베풀라

둘째로, 예수님은 '침례를 베풀라'라고 명령하셨습니다. '침례'는 예수님을 믿고 구원받은 성도가 하나님의 자녀가 되었음을 공식적으로 선언하는 예식입니다.

'침례를 베풀다'에 해당하는 헬라어는 '밥티조'인데, 이 단어는 '물에 담그다, 잠기다'라는 뜻입니다. 침례는 물에 완전히 들어갔다가 나옴으로써 죄로 물든 옛 사람이 죽고 예수님 안에서 새롭게 변화되어 새 사람의 삶을 시작한다는 것을 의미합니다.

> **· 해설 TIP ·** **마틴 루터의 침례 해석**
>
> 마틴 루터는 침례의 형태에 대해 다음과 같이 말했습니다. "침례는 그 단어의 뜻에 따라 침례를 받는 사람을 물속에 완전히 가라앉혔다가 다시 끌어올리도록 해야 적절하다. '침례'라는 단어는 '깊음'에서 유래되었으며 침례를 받는다는 것은 물속에 깊이 잠긴다는 의미이다. 이 단어의 용법은 침례 자체의 근본적인 의미에 비춰볼 때도 타당하다."

> 루터는 물을 뿌리는 '세례'보다 물에 잠기는 '침례'의 형태가 헬라어 단어의 의미뿐 아니라 근본적인 의미, 즉 '죄 씻음'과 '거듭남'의 의미에서도 더 적합하다고 말한 것입니다.

그렇기에 침례를 받는다는 것은 이제 자기의 생각과 뜻을 내려놓고 예수님의 뜻을 따르겠다는 믿음의 결단이며 순종의 표시입니다.

③ 가르쳐 지키게 하라

마지막으로, 예수님은 '가르쳐 지키게 하라'라고 명하셨습니다. 예수님을 믿고 구원을 받아 하나님의 자녀가 되면 이후부터는 신앙이 성장해야 합니다.

> **엡 4:15** 오직 사랑 안에서 참된 것을 하여 범사에 그에게까지 자랄지라 그는 머리니 곧 그리스도라

어린아이 신앙에서 벗어나 성숙한 신앙을 갖는 것, 그리고 궁극적으로 그리스도를 닮는 것이 모든 크리스천의 목표입니다. 이와 같은 믿음의 성장을 위해 꼭 필요한 것이 바로 교육입니다.

그래서 예수님은 제자들에게 복음을 전하는 데 그치지 말고 말씀

을 가르치라고 명하신 것입니다. 말씀 없이는 신앙이 제대로 설 수 없고 성장할 수도 없습니다.

'가라', '침례를 베풀라', '가르쳐 지키게 하라', 이 세 가지 원리로 표현되는 예수님의 지상 명령은 당시 예수님의 제자들뿐 아니라 오늘날 예수님을 구주로 믿고 따르는 모든 크리스천에게 주어진 명령입니다.

이 세상에는 아직 복음의 소식을 듣지 못한 채 멸망의 길로 가고 있는 수많은 영혼이 있습니다. 먼저 믿은 우리에게는 그들을 전도할 책임이 있습니다. 복음을 전하는 일에 생명조차 아끼지 않는다고 고백했던 사도 바울처럼 우리도 최선을 다해, 열정적으로 전도해야 합니다.

> **행 20:24** 내가 달려갈 길과 주 예수께 받은 사명 곧 하나님의 은혜의 복음을 증언하는 일을 마치려 함에는 나의 생명조차 조금도 귀한 것으로 여기지 아니하노라

> **· 해설 TIP ·** 존 웨슬리의 명언
>
> 감리교 창시자 존 웨슬리 목사님은 일평생 말을 타고 전 세계를 다니며 복음을 전했는데, 52년 동안 총 334,672km를 다니면서 4,500번의 설교를 했다고 합니다. 그는 전도의 중요성에 대해 다음과 같이 말했습니다.
>
> "당신이 이 땅에서 해야 할 한 가지 일은 바로 영혼을 구원하는 것이다 (You have one business on earth - to save souls)."

2. 성령님의 권능과 인도

온 천하 만민에게 복음을 전파하라는 예수님의 지상 명령은 인간의 힘으로 할 수 있는 일이 아닙니다. 오순절 성령충만의 신앙을 갖게 될 때 가능한 일입니다.

1) 능력 있는 복음의 증인

예수님은 승천하시기 전 제자들에게 한 가지 당부의 말씀을 남기셨습니다. 하나님이 약속하신 성령을 받을 때까지 예루살렘을 떠나지 말고 기다리라는 것입니다(행 1:4). 예수님이 왜 이토록 성령 체험을 강조하셨을까요? 성령의 권능을 받아야만 비로소 능력 있는 복음의 증인이 될 수 있기 때문입니다.

> **행 1:8** 오직 성령이 너희에게 임하시면 너희가 권능을 받고 예루살렘과 온 유대와 사마리아와 땅 끝까지 이르러 내 증인이 되리라 하시니라

제자들은 예수님의 말씀에 순종하여 성령님의 임재를 기다렸습니다. 마침내 오순절 날, 성령님이 그들 위에 임하셨습니다. 그곳에 모인 제자들 모두 성령의 충만함을 받고 방언을 말했으며, 이후 완전히 변화되었습니다. 예수님의 부활을 목격하고도 두려워하며 숨어 있던 제자들이 밖으로 나가 담대히 복음을 전하게 된 것입니다.

예수님에게 임했던 성령의 권능이 제자들에게도 나타났습니다(행 10:38). 제자들이 성령으로 충만하여 복음을 전할 때 표적과 기사가 뒤따랐습니다. 그 결과 한 번에 삼천 명, 오천 명씩 회개하고 예수님을 믿게 되는 놀라운 역사가 나타났습니다.

> **행 2:40-41** 또 여러 말로 확증하며 권하여 이르되 너희가 이 패역한 세대에서 구원을 받으라 하니 그 말을 받은 사람들은 침례를 받으매 이 날에 신도의 수가 삼천이나 더하더라

오순절에 성령충만을 받은 예수님의 제자들은 온갖 박해와 핍박에도 불구하고 예루살렘에서부터 시작하여 세계 각처로 복음을 전파했습니다. 로마로, 독일로, 영국으로, 미국으로 건너가 오늘날 전 세계로 전파되었습니다.

순복음의 신앙은 땅끝까지 복음을 전파하는 것을 목표로 삼고 있습니다. 우리도 성령충만을 받고 능력 있게 전도해야 합니다. 우리가 전도할 때 우리의 지식이나 지혜가 나타나는 것이 아니라, 성령의 능력이 나타나서 죽어가는 영혼을 살리는 역사가 일어나야 합니다.

고전 2:4-5 내 말과 내 전도함이 설득력 있는 지혜의 말로 하지 아니하고 다만 성령의 나타나심과 능력으로 하여 너희 믿음이 사람의 지혜에 있지 아니하고 다만 하나님의 능력에 있게 하려 하였노라

2) 성령님의 인도하심
사도행전에 기록된 이야기들은 선교의 주관자가 성령님이시라는 사실을 분명히 보여줍니다.

최초의 이방인 교회인 안디옥교회가 선교를 시작하게 된 것은 성령님의 감동이 있었기 때문입니다. 안디옥교회의 성도들이 금식하며

기도할 때 성령님이 그들에게 바나바와 사울을 따로 세워 선교사로 파송하라고 명하셨습니다.

> 행 13:2-4 주를 섬겨 금식할 때에 성령이 이르시되 내가 불러 시키는 일을 위하여 바나바와 사울을 따로 세우라 하시니 이에 금식하며 기도하고 두 사람에게 안수하여 보내니라 두 사람이 성령의 보내심을 받아 실루기아에 내려가 거기서 배 타고 구브로에 가서

사도 바울이 제1차 선교 여행을 마친 후 실라와 함께 제2차 선교 여행을 떠나려고 했을 때도 성령님은 바울 일행이 아시아로 선교하러 가는 것을 막으셨으며 비두니아로 향하는 것도 허락하시지 않았습니다.

> 행 16:6-7 성령이 아시아에서 말씀을 전하지 못하게 하시거늘 그들이 브루기아와 갈라디아 땅으로 다녀가 무시아 앞에 이르러 비두니아로 가고자 애쓰되 예수의 영이 허락하지 아니하시는지라

대신에 성령님은 환상을 통해 사도 바울을 마게도니아, 오늘날 발칸반도 남부 지역으로 가게 하셨습니다. 이것이 유럽 복음화의 출발

짐이 되었습니다.

　이후로도 바울은 예루살렘이든, 로마이든 성령님이 인도하시는 대로 갔습니다. 다른 사람들이 모두 가지 말라고 하는 곳일지라도 바울은 성령님의 인도하심을 따라갔습니다. 바울의 고백입니다.

　행 20:22 보라 이제 나는 성령에 매여 예루살렘으로 가는데 거기서 무슨 일을 당할는지 알지 못하노라

　전도는 "성령에 매여"하는 사역입니다. 우리는 성령님께 매여 성령님의 인도하심을 따라 전도해야 합니다. 전도할 때 무엇을 말해야 할지도 염려할 필요가 없습니다. 성령님이 함께하시면 성령님이 우리에게 할 말을 주실 것이기 때문입니다(마 10:19-20).

　성령님은 선교의 영이십니다. 성령님이 복음을 전하는 자의 발걸음을 인도하시고 보호하십니다. 우리가 성령님의 음성에 순종하여 가는 그 길에 성령님이 동행해 주시고 우리를 통해 위대한 선교의 역사를 이뤄가실 것입니다.

> **· 해설 TIP ·** **메리 럼시 선교사의 복음 전파**
>
> 우리나라에 최초로 오순절 신앙을 전파한 사람은 메리 럼시 선교사입니다. 그녀는 1906년에 시작된 LA 아주사 거리의 대부흥 집회에 참석했다가, 그곳에서 성령충만을 체험하고 "한국으로 가라!"라는 성령님의 음성을 들었습니다. 그녀는 낯선 동양의 땅, 조선에 가서 복음을 전하라는 성령님의 음성에 순종하여 오랜 기도와 준비 끝에 1928년 봄, 마침내 조선에 들어오게 됩니다. 성령님의 음성에 순종하여 복음을 들고 조선에 온 메리 럼시 선교사를 통해 한국 오순절 운동이 시작되었습니다. 이를 기반으로 기독교대한하나님의성회 교단이 탄생하고 여의도순복음교회가 세워진 것입니다.

3. 전도자가 받는 축복

우리가 전도하면 전도된 사람이 구원받고 영생을 얻게 될 뿐 아니라 전도한 우리도 큰 축복을 받게 됩니다.

1) 전도의 기쁨

전도자는 영적 어부의 기쁨을 맛볼 수 있습니다. 누가복음 15장을 보면 '잃은 양을 찾는 비유', '잃은 드라크마를 찾는 비유', '잃은 아들이 돌아오는 비유' 등 세 개의 비유가 나옵니다. 그런데 잃은 것을 찾았던 사람들의 반응은 무엇인가요? 기쁨입니다(눅 15:5-6, 9, 24).

잃은 영혼이 주님께 돌아오면 천국에서는 기쁨의 잔치가 열립니다. 그리고 이 같은 기쁨은 복음을 전하지 않는 사람은 도저히 맛볼 수 없는 기쁨입니다.

> **눅 15:32** 이 네 동생은 죽었다가 살아났으며 내가 잃었다가 얻었기로 우리가 즐거워하고 기뻐하는 것이 마땅하다 하니라

2) 빛나는 영예

전도자는 빛나는 영예를 얻게 됩니다. 하나님이 값없이 주시는 구원의 은혜로 우리는 영생을 얻습니다. 그러나 천국에서 누릴 영예는 우리가 이 땅에서 어떻게 하느냐에 따라 달라집니다.

천국에서는 인품이 훌륭한 자, 학식이 풍부한 자, 권세가가 인정받는 것이 아니라, 전도를 많이 한 자가 하나님 앞에 인정받고 존귀하게 여김을 받습니다. 그래서 성경은 복음을 전파하여 많은 사람을 죄와 타락의 길에서 돌이켜 의와 구원의 길로 돌아오게 하는 자는 별과 같이 찬란하게 빛나게 될 것이라고 말씀합니다.

> **단 12:3** 지혜 있는 자는 궁창의 빛과 같이 빛날 것이요 많은

사람을 옳은 데로 돌아오게 한 자는 별과 같이 영원토록 빛나리라

3) 자랑스러운 면류관

더 나아가 전도자에게는 특별한 상급이 주어집니다. 주님이 다시 오실 때 우리가 주님 앞에 자랑할 것이 무엇인가요? 주님 앞에서는 우리가 이 땅에 사는 동안 얼마나 많은 재물을 쌓았는지, 얼마나 높은 자리에 올랐는지 아무 의미가 없습니다. 이 세상의 어떤 보물보다 귀한 한 영혼을 주님께 인도한 일, 그것이 가장 큰 자랑이 됩니다. 그렇기에 전도를 통해 영혼 구원 사역에 동참하는 자에게는 자랑스러운 면류관이 주어질 것입니다.

> **살전 2:19** 우리의 소망이나 기쁨이나 자랑의 면류관이 무엇이냐 그가 강림하실 때 우리 주 예수 앞에 너희가 아니냐

'땅끝까지 전하는 신앙'을 가진 순복음의 성도는 모두 선교사가 되어야 합니다. 선교 일선에 나가 직접 복음을 전하든지, 아니면 후방에서 일선에 나간 선교사를 기도와 물질로 후원하든지, 어떤 방법으로든 선교 사역에 동참해야 합니다. 그리스도의 복음이 땅끝까지 전해지는 그날까지 순복음의 성도는 앞으로 나아갈 것입니다.

· 적용을 위한 질문 ·

1. 나는 땅끝까지 복음을 전파하라는 주님의 명령에 순종하고 있나요? 지금까지 몇 명을 전도했나요? 만약 전도의 열정이 식었다면 영혼을 향한 사랑과 성령의 권능을 부어달라고 기도해 보세요.

   ....

   ....

   ....

   ....

2. 주변 사람 중 아직 구원받지 못한 사람이 있나요? 전도 대상자 명단을 작성하고 어떤 방법으로 전도하면 좋을지 적어보세요.

   ....

   ....

   ....

   ....

제7강

좋으신 하나님 신앙

1. 좋으신 하나님의 성품
　　1) 하나님의 사랑
　　2) 하나님의 공의
　　3) 하나님의 완전

2. 좋으신 하나님의 역사
　　1) 하나님의 창조
　　2) 하나님의 구원
　　3) 하나님의 심판

3. 우리를 향한 하나님의 뜻
　　1) 선을 이루시는 하나님
　　2) 복 주시는 하나님
　　3) 함께하시는 하나님

제7강 좋으신 하나님 신앙

• 핵심 포인트 •

우리는 하나님의 성품과 역사, 그리고 우리를 향한 하나님의 선하신 뜻을 통해 좋으신 하나님을 만날 수 있습니다.

• 주제말씀 •

"너희가 악한 자라도 좋은 것으로 자식에게 줄 줄 알거든 하물며 하늘에 계신 너희 아버지께서 구하는 자에게 좋은 것으로 주시지 않겠느냐"

_ 마태복음 7장 11절

"하나님이 우리를 사랑하시는 사랑을 우리가 알고 믿었노니 하나님은 사랑이시라 사랑 안에 거하는 자는 하나님 안에 거하고 하나님도 그의 안에 거하시느니라"

_ 요한일서 4장 16절

과거 한국교회에서는 하나님을 엄격하고 준엄한 심판자로 보는 경향이 강했습니다. 이러한 하나님 이해는 성도들에게 하나님에 대한 두려움을 갖게 했습니다. 설교는 하나님의 계명 준수를 강조했고 예배 분위기는 엄숙하고 무거웠습니다.

반면 순복음 신앙은 하나님을 '좋으신 하나님'으로 바라봅니다. 하나님은 죄와 절망 가운데 있는 우리들을 구원하기 위해 독생자 예수 그리스도를 보내주신 좋으신 하나님, 우리와 늘 동행하시며 영혼이 잘됨같이 범사가 잘되며 강건하게 되는 축복을 베풀어 주시는 좋으신 하나님이십니다. 우리는 한평생 좋으신 하나님을 찬양하며 살아가야 합니다.

1. 좋으신 하나님의 성품

우리가 믿고 섬기는 하나님 아버지는 참으로 좋으신 하나님이십니다. 이는 가장 먼저 하나님의 성품에서 나타납니다.

1) 하나님의 사랑

사랑은 하나님의 성품 가운데서도 가장 중심적인 성품입니다. 그래서 성경은 하나님을 사랑, 그 자체로 정의합니다.

요일 4:8 사랑하지 아니하는 자는 하나님을 알지 못하나니 이는 하나님은 사랑이심이라

하나님은 사랑이십니다. 그래서 하나님의 말씀에도 사랑이 담겨 있고 하나님이 하시는 모든 일에도 사랑이 담겨 있습니다.

하나님의 사랑은 차별과 조건과 제약이 없는 사랑, 긍휼과 자비와 은혜가 넘치는 사랑입니다. 그래서 하나님의 사랑은 일반적인 인간의 사랑과는 차원이 다릅니다. 영원한 사랑을 고백했던 부부가 헤어져서 남보다 못한 사이가 되기도 하고, 가족보다 더 가깝다고 여겼던 친구가 사업 문제로 원수가 되기도 합니다. 이처럼 인간의 사랑은 상황이나 형편에 따라 흔들리고 조건에 따라 달라집니다. 무조건적이며 영원히 변치 않는 사랑은 오직 하나님의 사랑뿐입니다.

사랑의 하나님은 은혜와 긍휼과 자비가 풍성하며 노하기를 더디 하시는 분이십니다. 하나님은 크신 사랑으로 사람을 포함하여 모든 만물에게 선을 행하시는 좋으신 하나님이십니다.

시 145:8-9 야훼는 은혜로우시며 긍휼이 많으시며 노하기를 더디 하시며 인자하심이 크시도다 야훼께서는 모든 것을 선대하시며 그 지으신 모든 것에 긍휼을 베푸시는도다

이 같은 하나님의 사랑은 예수 그리스도의 십자가에서 절정을 이뤘습니다. 좋으신 하나님은 세상을 너무나 사랑하셔서 독생자 예수 그리스도를 이 땅에 보내셨습니다(요 3:16). 하나님이 우리를 얼마나 사랑하시는지가 예수 그리스도의 십자가 고난과 죽음을 통해 확증된 것입니다.

> **롬 5:8** 우리가 아직 죄인 되었을 때에 그리스도께서 우리를 위하여 죽으심으로 하나님께서 우리에 대한 자기의 사랑을 확증하셨느니라

좋으신 하나님은 지금도 우리를 사랑하십니다. 죄를 회개하며 부르짖는 자에게 용서와 사랑을 베풀어 주십니다(시 86:5).

2) 하나님의 공의

하나님은 정의롭고 공의로우신 분이십니다. 그렇기에 하나님은 모든 이를 차별 없이 대하시고, 모든 일을 치우침 없이 공정하게 행하시는 좋으신 하나님이십니다.

> **신 32:4** 그는 반석이시니 그가 하신 일이 완전하고 그의 모든 길이 정의롭고 진실하고 거짓이 없으신 하나님이시니 공의로우시고 바르시도다

하나님이 아브라함을 선택하신 이유도 그의 후손들이 정의와 공의를 행하게 하기 위함이라고 성경은 말씀합니다(창 18:19). 하나님의 공의는 구약의 선지자들을 통해 더욱 분명하게 드러났습니다. 특히 아모스 선지자는 부와 권력을 가진 자들이 불의를 행하고 힘없고 가난한 자들을 핍박하는 것을 비판하며 "오직 정의를 물 같이, 공의를 마르지 않는 강 같이 흐르게 할지어다"(암 5:24)라고 외쳤습니다.

하나님의 공의가 강같이 흘러서 우리 사회의 구석구석에까지 미쳐야 합니다. 하나님은 우리가 하나님의 공의를 전하는 통로가 되길 원하십니다. 하나님을 믿고 구원받는 데 그치지 말고, 하나님께 예배드리는 것으로 하나님 백성의 의무를 다했다고 여기지 말고, 우리의 말과 행동과 삶을 통해 하나님의 공의를 나타내야 할 것입니다.

우리의 믿음은 삶의 선한 열매로 이어져야 합니다. 좋으신 하나님의 성품인 공의를 이 땅에 실현함으로써 하나님을 기쁘시게 하는 우리가 되기를 바랍니다.

잠 21:3 공의와 정의를 행하는 것은 제사 드리는 것보다 야훼께서 기쁘게 여기시느니라

3) 하나님의 완전

우리가 믿는 하나님은 완전하신 하나님이십니다. 하나님의 완전하심은 전지성, 전능성, 편재성, 영원성, 불변성 등의 속성으로 나타납니다.

먼저 하나님은 모든 것을 아십니다. 하나님은 이 세상이 종말에 이르기까지 일어날 모든 일을 아실 뿐 아니라, 참새가 땅에 떨어지는 것과 우리가 머리카락 한 올 잃어버리는 것까지 아시고, 우리가 미처 말하기도 전에 우리 마음속의 생각을 아십니다.

> 시 139:2-4 주께서 내가 앉고 일어섬을 아시고 멀리서도 나의 생각을 밝히 아시오며 나의 모든 길과 내가 눕는 것을 살펴 보셨으므로 나의 모든 행위를 익히 아시오니 야훼여 내 혀의 말을 알지 못하시는 것이 하나도 없으시니이다

하나님은 전지하실 뿐만 아니라 전능하신 분이십니다. 전능하신 하나님은 무엇이든 하실 수 있습니다. 하나님은 무에서 유를 창조하시고, 홍해를 가르시며 광야 40년 동안 하늘에서 만나와 메추라기를 내려주시고 바위에서 물이 나오게 만들어 주십니다. 하나님은 이처럼 전지, 전능하신 능력으로 우리를 이끌고 보호해 주시는 좋으신 하나님이십니다.

욥 42:2 주께서는 못 하실 일이 없사오며 무슨 계획이든지 못 이루실 것이 없는 줄 아오니

또한 하나님은 죄도 없고 흠도 없는 거룩하신 분이십니다. 하나님은 시간과 공간을 초월하여 존재하시고 영원히 변하지 않는 분이십니다. 그렇기에 우리가 온전히 신뢰하고 의지할 분은 오직 좋으신 하나님뿐입니다.

> **· 해설 TIP · 어거스틴의 고백**
>
> 성 어거스틴은 『고백록』에서 하나님의 성품에 대해 다음과 같이 말했습니다. "가장 높고, 가장 탁월하고, 가장 강력하고, 가장 전능하십니다. 가장 자비롭고 가장 공의로우십니다. 가장 은밀하고 가장 진실하게 현존하십니다. 가장 아름답고 가장 강하십니다. 견고하시지만 (다른 것에 의해) 지탱받지는 않으십니다. 불변하시지만 모든 것을 변화시키십니다."

2. 좋으신 하나님의 역사

하나님의 역사는 크게 창조, 구원, 그리고 종말의 심판으로 구분할 수 있습니다. 이 역사를 통해서도 우리는 하나님이 좋으신 하나님이심을 알 수 있습니다.

1) 하나님의 창조

창세기 1장은 하나님의 창조에 관한 이야기입니다. 창세기 1장에 반복되어 등장하는 히브리어가 있는데, 바로 '토브', 즉 '좋다'는 말입니다(창 1:4, 10, 12, 18, 21, 25, 31).

> 창 1:31 하나님이 지으신 그 모든 것을 보시니 보시기에 심히 좋았더라 저녁이 되고 아침이 되니 이는 여섯째 날이니라

하나님은 자신이 만드신 세상을 보시고 "좋았더라"라고 감탄하며 기뻐하셨습니다. 하나님이 창조하신 세상은 본래 선하고 아름다움으로 가득했습니다. 그래서 우리는 하나님의 창조를 '선한 창조'(Good Creation)라고 부릅니다.

하나님이 지으신 모든 피조물은 창조주 하나님의 선하심을 반영하고 있습니다. 그래서 시편 기자는 창조 세계 가운데 나타난 좋으신 하나님을 발견하고 찬양하며 하나님께 영광을 돌렸습니다.

> 시 8:1 야훼 우리 주여 주의 이름이 온 땅에 어찌 그리 아름다운지요 주의 영광이 하늘을 덮었나이다

하나님의 창조 세계는 인간의 힘으로는 흉내조차 낼 수 없을 만큼

너무나 아름답고 신비롭습니다. 따스한 아침 햇살, 거리에는 알록달록 피어있는 꽃들, 파란 하늘과 붉은 노을, 푸르른 녹음과 광활한 바다 등 이 아름다운 창조 세계를 좋으신 하나님이 우리에게 선물로 주신 것입니다. 그렇기에 우리는 창조 세계 속에서도 좋으신 하나님을 만날 수 있습니다.

2) 하나님의 구원

하나님은 구원을 베푸시는 좋으신 하나님이십니다. 아담이 뱀의 꾐에 넘어가 불순종의 죄를 짓고 타락했을 때 하나님은 이미 그리스도를 통한 구원을 계획하셨습니다.

> **창 3:15** 내가 너로 여자와 원수가 되게 하고 네 후손도 여자의 후손과 원수가 되게 하리니 여자의 후손은 네 머리를 상하게 할 것이요 너는 그의 발꿈치를 상하게 할 것이니라 하시고

하나님은 아브라함과 그의 후손, 이스라엘 민족을 택하셔서 구원 계획을 실행하셨습니다. 하나님이 그들을 선택하신 이유는 그들이 다른 민족보다 수효가 많거나 뛰어났기 때문이 아닙니다. 하나님의 사랑과 전적인 은혜로 이스라엘 민족이 선택된 것입니다(신 7:7-8).

하나님의 구원 계획은 궁극적으로 예수님을 통해 완성되었습니다.

하나님의 아들이신 예수님은 죄와 죽음에서 우리를 구원하기 위해 이 땅에 오셨습니다. 이 땅에 오신 예수님은 하나님의 나라를 선포하시고, 병든 자를 고치시며, 가난한 자에게 복음을 전파하셨습니다.

> **눅 4:18** 주의 성령이 내게 임하셨으니 이는 가난한 자에게 복음을 전하게 하시려고 내게 기름을 부으시고 나를 보내사 포로 된 자에게 자유를, 눈 먼 자에게 다시 보게 함을 전파하며 눌린 자를 자유롭게 하고

그리고 마침내 예수님은 십자가 죽음과 부활을 통해 우리를 죄와 저주와 죽음에서 구원해 주셨습니다. 이러한 예수님의 구원 사역은 오늘날 우리의 영혼뿐만 아니라 생활과 환경의 문제, 그리고 질병의 문제에까지 영향을 미쳤습니다. 예수님이 채찍에 맞고 징계를 받으심으로 우리는 죄 사함을 받아 평화를 누리고 치료의 축복을 누리게 된 것입니다(사 53:5).

하나님은 예수님을 통해 우리에게 완전한 구원을 베풀어 주신 참으로 좋으신 하나님이십니다.

3) 하나님의 심판

때때로 이 세상에서 악한 사람들이 승승장구하는 것처럼 보일 때

가 있습니다. 그러나 악인들의 형통은 영원하지 않습니다. 하나님은 마지막 때에 각 사람의 행위에 상응하는 심판을 내리실 것입니다.

하나님이 지금 당장 악인을 심판하지 않는다고 해서 불의를 묵인하신다고 생각하면 안 됩니다. 하나님은 고통받는 자와 함께하시며, 종국에 모든 악을 바로 잡고 정의를 실현하시는 좋으신 하나님이시기 때문입니다. 말라기 선지자는 마지막 때 있을 악인의 심판에 대해 다음과 같이 경고했습니다.

말 4:1 만군의 야훼가 이르노라 보라 용광로 불 같은 날이 이르리니 교만한 자와 악을 행하는 자는 다 지푸라기 같을 것이라 그 이르는 날에 그들을 살라 그 뿌리와 가지를 남기지 아니할 것이로되

악인의 형통을 부러워하지 마십시오. 하나님의 때에 떠오르는 공의의 태양은 악인에게 뜨거운 용광로의 불같이 임해서 그들을 모두 살라버릴 것입니다.

다른 한편으로 종말의 심판은 구원의 완성을 의미합니다. 하나님은 마지막 때에 새 하늘과 새 땅, 모든 고통과 슬픔이 없는 완전한 하나님 나라를 완성하실 것입니다. 하나님 나라에 의인들을 초청하셔

서 그들의 눈물을 닦아주시고 그들이 당한 고통과 불의를 보상해 주실 것입니다.

> **계 21:3-4** 내가 들으니 보좌에서 큰 음성이 나서 이르되 보라 하나님의 장막이 사람들과 함께 있으매 하나님이 그들과 함께 계시리니 그들은 하나님의 백성이 되고 하나님은 친히 그들과 함께 계셔서 모든 눈물을 그 눈에서 닦아 주시니 다시는 사망이 없고 애통하는 것이나 곡하는 것이나 아픈 것이 다시 있지 아니하리니 처음 것들이 다 지나갔음이라

이처럼 마지막 때에는 좋으신 하나님의 심판을 통해 악인은 영원한 형벌을 받게 되고, 의인은 영생을 얻어 주님과 함께 아름다운 천국에서 영원히 살게 될 것입니다.

3. 우리를 향한 하나님의 뜻

창조에서 종말에 이르기까지 하나님은 절대주권으로 만물을 다스리고 계십니다. 이를 하나님의 '섭리'라고 하는데, 이 섭리를 통해서도 우리를 향한 좋으신 하나님의 뜻을 알 수 있습니다.

1) 선을 이루시는 하나님

자연, 인간, 역사적 사건 등 세상의 크고 작은 모든 일은 우연히 일어나는 것이 아닙니다. 하나님이 그의 선하신 뜻에 따라 모든 피조물과 역사를 주관하고 계십니다.

하나님의 절대주권과 선하신 뜻의 한 예로 요셉의 삶을 들 수 있습니다. 요셉은 형제들의 질투와 배신으로 애굽으로 팔려 가서 친위대장 보디발의 노예가 되었습니다. 그는 그곳에서도 여주인의 모함을 받아 억울한 감옥 생활을 해야 했습니다.

인간적인 관점에서 보면 이해할 수 없는 일들의 연속이지만, 사실 이 모든 과정은 하나님의 뜻 가운데 있었습니다. 하나님은 감옥에서 요셉과 술 맡은 관원장을 만나게 하셨고, 그를 통해 요셉을 바로의 앞에 세우셨습니다. 그리고 마침내 요셉은 하나님이 주신 지혜로 애굽의 총리가 되어 수많은 사람의 생명을 구하게 됩니다.

요셉은 훗날 하나님의 선하신 뜻을 깨닫고 자기를 팔았던 형제들에게 다음과 같이 말했습니다.

> 창 50:20 당신들은 나를 해하려 하였으나 하나님은 그것을 선으로 바꾸사 오늘과 같이 많은 백성의 생명을 구원하게 하

시려 하셨나니

좋으신 하나님은 우리를 향한 선한 계획을 갖고 계십니다. 그렇기에 비록 현실이 어렵고 고난이 닥쳐와도 낙심하거나 절망하면 안 됩니다. 우리는 하나님의 절대주권을 인정하며 그 선하신 뜻에 순종해야 합니다. 좋으신 하나님은 우리의 인생 여정을 통해 모든 것이 합력하여 선을 이루길 원하시기 때문입니다.

> 롬 8:28 우리가 알거니와 하나님을 사랑하는 자 곧 그의 뜻대로 부르심을 입은 자들에게는 모든 것이 합력하여 선을 이루느니라

2) 복 주시는 하나님

좋으신 하나님은 우리에게 복 주시고 은혜를 베푸시며, 우리가 하나님의 축복을 마음껏 누리기를 바라십니다.

> 민 6:24-26 야훼는 네게 복을 주시고 너를 지키시기를 원하며 야훼는 그의 얼굴을 네게 비추사 은혜 베푸시기를 원하며 야훼는 그 얼굴을 네게로 향하여 드사 평강 주시기를 원하노라 할지니라 하라

부모는 늘 자식에게 좋은 것을 주고 싶어 합니다. 자식이 떡을 달라고 하는데 돌을 주거나 생선을 달라고 하는데 뱀을 주는 부모는 없을 것입니다. 더욱이 우리의 하나님은 좋으신 아버지이십니다. 그렇기에 예수님은 우리가 간구할 때 하늘에 계신 하나님 아버지께서 우리에게 좋은 것을 주신다고 말씀하셨습니다.

> 마 7:11 너희가 악한 자라도 좋은 것으로 자식에게 줄 줄 알거든 하물며 하늘에 계신 너희 아버지께서 구하는 자에게 좋은 것으로 주시지 않겠느냐

우리는 하나님이 우리에게 복 주시는 좋으신 하나님이심을 믿고 간구해야 합니다. 그러할 때 영혼이 잘됨같이 범사가 잘되며 강건하게 되고 생명을 얻되 더 풍성히 얻는 하나님의 은혜와 축복이 임하게 됩니다.

더욱이 하나님이 주시는 복은 우리의 기대와 간구를 넘어섭니다. 엘리사 선지자를 찾아와 도움을 호소한 과부에게 하나님은 모든 그릇에 차고 넘치도록 기름을 채워주셨고(왕하 4:1-6), 베드로가 예수님의 말씀에 순종하여 그물을 내릴 때 그물이 찢어지고 두 배가 잠길 만큼 물고기가 가득 잡히는 기적이 나타났습니다(눅 5:4-7).

하나님은 넘치도록 풍성한 복을 우리에게 주십니다. 우리가 해야 할 일은 복 주시는 좋으신 하나님께 감사하며 찬양과 영광을 올려드리는 것뿐입니다.

> 엡 3:20-21 우리 가운데서 역사하시는 능력대로 우리가 구하거나 생각하는 모든 것에 더 넘치도록 능히 하실 이에게 교회 안에서와 그리스도 예수 안에서 영광이 대대로 영원무궁하기를 원하노라 아멘

3) 함께하시는 하나님

우리가 문제와 어려움을 당하게 되면 가깝게 지내던 사람들도 등을 돌릴 때가 있습니다. 그러나 하나님은 우리가 연약할 때, 병들었을 때, 문제를 만났을 때, 실패하고 좌절했을 때 우리를 홀로 내버려두지 않으십니다. 하나님은 어떤 경우에도 우리를 떠나지 않으시며 우리와 늘 함께하시는 임마누엘의 하나님이십니다.

하나님과 우리의 관계는 종종 목자와 양의 관계로 비유되곤 합니다. 목자는 늘 양과 함께하며 양을 돌봅니다. 양들을 푸른 풀밭으로 데려가 양식을 먹이고, 쉴만한 물가로 이끌고 가서 물을 마시고 쉬게 합니다. 또 사나운 짐승이 양들에게 다가오면 목자는 그 짐승을 쳐서 물리치고, 해충이 양에게 달라붙으면 해충을 쫓아내 줍니다. 마찬가

지로 주님은 우리의 목자가 되셔서 우리를 지키고 보호해 주십니다.

주님이 나의 목자가 되셔서 늘 함께하신다는 신앙을 가진 대표적인 인물이 바로 다윗입니다. 다윗의 인생은 고난과 문제의 연속이었습니다. 그럼에도 그가 모든 난관을 헤치고 승리할 수 있었던 비결이 바로 여기에 있습니다.

> 시 23:4 내가 사망의 음침한 골짜기로 다닐지라도 해를 두려워하지 않을 것은 주께서 나와 함께 하심이라 주의 지팡이와 막대기가 나를 안위하시나이다

지금, 사망의 음침한 골짜기에 있는 것처럼 느껴지나요? 문제로 인해 두려운가요? 현재 어떤 환경, 어떤 고난 가운데 있을지라도 다윗과 같이 임마누엘의 신앙을 고백하길 바랍니다. 더욱이 다윗은 뒤이어 "내 평생에 선하심과 인자하심이 반드시 나를 따르리니"(시 23:6)라고 덧붙였습니다. 이는 다윗이 살아온 모든 날에 주님이 함께하심을 믿음으로 고백한 것입니다.

찬송가 442장 후렴에 이와 같은 가사가 있습니다. "주님 나와 동행을 하면서 나를 친구 삼으셨네. 우리 서로 받은 그 기쁨은 알 사람이 없도다." 주님이 외롭고 힘들고 어려운 인생길에 우리와 동행하시고

우리의 친구가 되어주십니다. 한 걸음 더 나아가 주님은 '영원히' 우리와 함께하겠다고 약속해 주셨습니다.

> **마 28:20** 내가 너희에게 분부한 모든 것을 가르쳐 지키게 하라 볼지어다 내가 세상 끝날까지 너희와 항상 함께 있으리라 하시니라

그렇기에 '좋으신 하나님 신앙'을 가진 순복음의 성도는 어떤 문제 앞에서도 두려워할 필요가 없습니다. 믿음의 전진을 포기해서는 안 됩니다. 우리는 혼자가 아닙니다. 주님이 우리와 함께하십니다. 우리는 좋으신 하나님의 신앙으로 무장하여 하나님의 선하신 뜻을 신뢰하고 복 주시는 하나님, 함께하시는 하나님께 감사해야 합니다.

· 적용을 위한 질문 ·

1. 나에게 하나님은 무서운 하나님이신가요, 아니면 좋으신 하나님이신가요? 내가 만난 하나님에 대해 느낀 점을 적어보세요.

2. 당시에는 몰랐지만, 훗날 하나님의 선하신 뜻을 깨닫고 놀랐던 경험이 있나요? 비록 하나님의 뜻을 다 알지는 못해도 지금까지 깨닫게 된 것을 적어보세요.

제**8**강

병을 짊어지신 예수님 신앙

---

1. 질병을 대속하신 예수님
　1) 이사야 선지자의 예언
　2) 예수님의 치유 사역
　3) 십자가에서 완성된 치유 사역

2. 치료와 회복의 은혜
　1) 병 고치는 권능
　2) 복음 전파를 위한 표적

3. 치료자 예수님을 믿는 신앙
　1) 예수 보혈의 능력
　2) 예수 이름의 권세

제8강 병을 짊어지신 예수님 신앙

• 핵심 포인트 •

우리는 병을 짊어지고 십자가에서 돌아가신 예수님을 믿으며 오늘도 치유와 회복의 은혜가 나타나기를 기대하고 간구합니다.

• 주제말씀 •

"예수께서 베드로의 집에 들어가사 그의 장모가 열병으로 앓아 누운 것을 보시고 그의 손을 만지시니 열병이 떠나가고 여인이 일어나서 예수께 수종들더라 저물매 사람들이 귀신 들린 자를 많이 데리고 예수께 오거늘 예수께서 말씀으로 귀신들을 쫓아 내시고 병든 자들을 다 고치시니 이는 선지자 이사야를 통하여 하신 말씀에 우리의 연약한 것을 친히 담당하시고 병을 짊어지셨도다 함을 이루려 하심이더라"

_ 마태복음 8장 14-17절

예수님을 믿고 구원을 받는 것은 죽은 후에 천국에 가는 것만을 의미하지 않습니다. 예수님이 십자가에서 우리의 죄를 대속하셨을 뿐만 아니라, 우리의 모든 질병을 짊어지고 돌아가셨기 때문입니다.

예수님의 구원에는 질병의 치유가 포함되어 있습니다. 이 사실을 믿고 치유의 기적을 소망하며 하나님 앞에 간구하는 신앙이 바로 순복음의 '병을 짊어지신 예수님 신앙'입니다.

1. 질병을 대속하신 예수님

질병의 근원은 죄에 있습니다. 그러나 인간은 죄를 해결할 능력이 없기에 스스로 질병과 죽음의 세력에서 벗어날 수 없습니다. 이 문제를 해결하신 분이 바로 예수님이십니다. 하나님의 아들이신 예수님이 인간의 몸을 입고 이 땅에 오셔서 질병의 문제를 해결하셨습니다.

1) 이사야 선지자의 예언

이사야 선지자는 예수님이 이 땅에 오시기 700년 전에 이미 예수님의 십자가 고난에 대해 예언했습니다. 특히 이사야 53장은 '병을 짊어지신 예수님'의 모습을 잘 보여주고 있습니다.

> 사 53:4-5 그는 실로 우리의 질고를 지고 우리의 슬픔을 당하였거늘 우리는 생각하기를 그는 징벌을 받아 하나님께 맞으며 고난을 당한다 하였노라 그가 찔림은 우리의 허물 때문이요 그가 상함은 우리의 죄악 때문이라 그가 징계를 받으므로 우리는 평화를 누리고 그가 채찍에 맞으므로 우리는 나음을 받았도다

여기서 '질고'로 번역된 히브리어 '홀리'는 '질병'을 뜻하고, '슬픔'으로 번역된 히브리어 '마크오브'는 '고통'을 뜻합니다. 다시 말해, '그가 우리의 질고를 지고 우리의 슬픔을 당했다'라는 말씀은 장차 오실 메시아가 우리의 죄뿐 아니라 '질병과 고통'을 함께 짊어지고 십자가에서 돌아가시게 됨을 의미합니다.

이사야서에 기록된 메시아가 예수님이십니다. 예수님은 이사야 선지자가 예언한 모습 그대로 우리를 대신하여 채찍에 맞으셨으며, 죄인인 우리 대신 징계를 받아 십자가에 달려 돌아가셨습니다. 예수님의 십자가 고난과 죽음으로 우리가 질병에서 나음을 얻고 죽음의 세력에서 벗어날 수 있게 된 것입니다.

2) 예수님의 치유 사역

예수님의 공생애 사역의 3분의 2가 치유 사역인데, 그 특징은 다음

과 같습니다.

첫째로, 성경은 예수님께 나아오는 모든 병자가 고침을 받았다고 증언합니다. 한센병, 중풍병, 수종병, 열병, 혈루증, 간질, 보지 못하고 듣지 못하는 자, 말이 어눌한 자, 손 마른 자, 다리를 저는 자, 귀신 들린 자 등 각양각색의 병을 낫게 하셨습니다.

마 4:23-24 예수께서 온 갈릴리에 두루 다니사 그들의 회당에서 가르치시며 천국 복음을 전파하시며 백성 중의 모든 병과 모든 약한 것을 고치시니 그의 소문이 온 수리아에 퍼진지라 사람들이 모든 앓는 자 곧 각종 병에 걸려서 고통 당하는 자, 귀신 들린 자, 간질하는 자, 중풍병자들을 데려오니 그들을 고치시더라

예수님은 우리의 질병을 치료하십니다. 예수님은 육신의 병, 마음의 병, 환경의 병, 우리의 전인적인 영역을 모두 치료하시는 위대한 치료자이십니다.

둘째로, 예수님이 불쌍히 여기시는 자에게 치료의 은혜가 임했습니다.

마 14:14 예수께서 나오사 큰 무리를 보시고 불쌍히 여기사 그 중에 있는 병자를 고쳐 주시니라

예수님이 불쌍히 보시면 모든 병에서 놓여나게 됩니다. 그러므로 사람에게 불쌍히 여김을 받지 말고 예수님께 불쌍히 여김을 받아야 합니다. 아픈 몸을 이끌고 사람에게 가서 동정을 구하지 말고, 주님 앞에 나와 눈물로 기도하며 주님의 도우심을 간구할 때 우리에게 치료와 회복의 은혜가 임하게 됩니다.

셋째로, 예수님은 다양한 방법으로 치유의 기적을 행하셨습니다. 예수님이 병자에게 손을 대자 병이 낫기도 했고(마 8:15, 20:34; 눅 5:13), 말씀만으로 병을 치료하실 때도 있었으며(마 8:13; 눅 7:14), 흙이나 물과 같은 물질을 사용하여 치료하실 때도 있었습니다(요 9:6-7). 또한 병자가 예수님의 겉옷을 만짐으로 치유의 기적이 나타나기도 했습니다(마 9:20-22).

넷째로, 예수님은 치유의 기적을 행하실 때 믿음을 보셨습니다. 마태복음 8장에 나오는 백부장의 이야기가 그 대표적인 사례입니다. 백부장은 예수님께 나아와 하인의 중풍병을 고쳐 달라고 요청했는데, 이때 예수님이 말씀만 하시면 하인이 나을 것이라는 믿음의 고백을 했습니다. 그러자 예수님은 백부장에게 "이스라엘 중 아무에게도

이만한 믿음을 보지 못하였노라"(마 8:10)라고 칭찬하셨고, 그 즉시 하인은 낫게 되었습니다. 또한 이방인에 대한 멸시와 냉대에도 불구하고 귀신 들린 딸을 고쳐 달라고 끈질기게 요청했던 가나안 여자에게도 예수님은 "네 믿음이 크도다"라고 말씀하시며 딸을 치료해 주셨습니다.

> 마 15:28 이에 예수께서 대답하여 이르시되 여자여 네 믿음이 크도다 네 소원대로 되리라 하시니 그 때로부터 그의 딸이 나으니라

예수님의 치유는 그 종류와 방법에는 제한이 없으며, 믿는 자들에게 주시는 선물입니다. 우리도 믿음으로 주님 앞에 나아갈 때 치유의 기적을 경험하게 될 것입니다.

다섯째로, 예수님의 치유하심은 죄 용서와 분리되지 않습니다. 한번은 사람들이 한 중풍병자를 데리고 예수님께 오려고 했는데, 무리들 때문에 앞으로 나올 수가 없었습니다. 그래서 그들은 지붕을 뜯어 구멍을 내고 중풍병자가 누운 침상을 달아서 예수님 앞에 내려보냈습니다. 이때 예수님은 중풍병자에게 "네가 치료받았다."라는 말 대신에, "네 죄 사함을 받았느니라"(막 2:5)라고 말씀하셨습니다.

이처럼 예수님은 죄 사함과 병 고침의 사역을 분리하지 않으셨습니다. 즉, 예수님 안에서는 죄 사함과 병 고침이 함께 나타납니다. 죄 사함이 있는 곳에 병 고침이 있고, 치유의 역사가 있는 곳에 용서의 역사가 함께 나타납니다.

3) 십자가에서 완성된 치유 사역

예수님은 인간을 구원하시기 위해 십자가 고난과 죽임을 당하셨는데, 이때 예수님은 "다 이루었다"(요 19:30)라고 말씀하셨습니다. 예수님의 구원 사역이 십자가를 통해 완성된 것입니다.

예수님이 십자가에서 완성하신 구원은 어느 한 영역에만 해당하는 것이 아니라, 삶의 모든 부분을 포함하여 전인적으로 영향을 미치는 것입니다. 예수님의 십자가 구원으로 인간의 영혼과 육체와 환경이 모두 회복되었습니다. 따라서 예수 그리스도의 십자가 죽음을 통해 구원받은 우리는 죄의 용서는 물론이고, 질병과 고통으로부터도 해방되었습니다.

> **· 해설 TIP ·** **'기독교대한하나님의성회' 헌법**
>
> 기독교대한하나님의성회 교단의 헌법 제17조 '신유'에 관한 규정에도 신유가 "복음의 필수적인 내용"이라고 분명히 밝히고 있습니다.

"신적 치유는 복음의 필수적인 내용이다. 질병으로부터의 해방은 속죄 안에서 주어진 것이며, 모든 신자들이 받는 특권이다(사 53:4-5; 마 8:16-17; 약 5:14-16). 그러므로 우리는 예수님이 죄와 함께 질병도 짊어지셨으며(마 8:16-17; 벧전 2:24), 질병으로 통치하려는 마귀의 일을 멸하여 하나님의 통치를 주셨으며(요일 3:8; 눅 4:39, 11:20), 믿음의 기도를 통하여 병든 자를 구원하신다는 사실을 우리는 믿는다(약 5:15-16)."

2. 치료와 회복의 은혜

예수님이 베푸신 치료와 회복의 은혜는 제자들의 복음 전파와 함께 확산되었고, 오늘날에도 그리스도의 몸인 교회를 통해, 예수님을 믿는 성도들을 통해 나타나고 있습니다.

1) 병 고치는 권능

예수님은 제자들에게 더러운 귀신을 쫓아내며 모든 병과 모든 약한 것을 고치는 권능을 주셨습니다.

> **마 10:1** 예수께서 그의 열두 제자를 부르사 더러운 귀신을 쫓아내며 모든 병과 모든 약한 것을 고치는 권능을 주시니라

또한 예수님은 승천하시기 전에 보혜사이신 성령님을 보내주신다고 약속하시면서 제자들이 성령의 권능을 받아 위대한 사역을 하게 될 것을 말씀하셨습니다.

요 14:12 내가 진실로 진실로 너희에게 이르노니 나를 믿는 자는 내가 하는 일을 그도 할 것이요 또한 그보다 큰 일도 하리니 이는 내가 아버지께로 감이라

사도행전을 보면 예수님의 말씀처럼 성령의 권능으로 놀라운 역사가 나타났음을 알 수 있습니다. 사람들은 베드로가 지나갈 때 병든 자를 길에 데리고 나와 눕혀 놓고 그의 그림자라도 덮이기를 바랐으며(행 5:15), 바울의 앞치마를 가져다가 병든 자에게 얹으면 병이 나았습니다(행 19:11-12). 그 외에도 병든 자와 악한 귀신에게 시달리는 수많은 사람이 몰려왔고 그들 모두가 병 고침을 받았습니다.

이러한 병 고침의 역사는 과거에 일어났던 사건에 머물지 않습니다. 오늘날에도 치료자 되신 예수 그리스도를 믿는 모든 자에게 나타납니다.

막 11:24 그러므로 내가 너희에게 말하노니 무엇이든지 기도하고 구하는 것은 받은 줄로 믿으라 그리하면 너희에게 그대

로 되리라

특히 여의도순복음교회의 역사는 치료의 역사라고 해도 과언이 아닙니다. 태어날 때부터 걷지 못했던 소년이 예수님의 은혜로 치료받아 걷고 뛰게 되자, 그 소문이 서울 전역에 퍼져서 대조동 천막교회로 병자가 몰려들었습니다. 이후 수많은 병자가 치유의 기적을 체험했고 교회는 폭발적으로 부흥했습니다.

지금도 치료의 역사는 계속해서 일어나고 있습니다. 하나님이 우리 모두에게 이러한 성령의 권능을, 질병의 결박을 풀 권세를 주신 것입니다. 그렇기에 우리는 아픈 형제자매를 위해 함께 기도해야 합니다. 우리가 병 고침을 위해 믿음의 기도를 드릴 때 주님이 우리를 불쌍히 여기고 치료해 주실 것입니다.

> 약 5:16 그러므로 너희 죄를 서로 고백하며 병이 낫기를 위하여 서로 기도하라 의인의 간구는 역사하는 힘이 큼이니라

한 걸음 더 나아가 우리는 믿음으로 병이 나은 모습을 바라봐야 합니다. "병이 나았다!"라고 믿음의 선포를 해야 합니다. 주님의 역사는 우리가 믿은 대로 나타납니다(마 8:13).

2) 복음 전파를 위한 표적

예수님은 승천하시기 전 제자들에게 "온 천하에 다니며 만민에게 복음을 전파하라"(막 16:15)라고 명하셨는데, 이때 믿는 자들에게는 '표적'이 따를 것이라고 말씀하셨습니다.

> 막 16:17-18 믿는 자들에게는 이런 표적이 따르리니 곧 그들이 내 이름으로 귀신을 쫓아내며 새 방언을 말하며 뱀을 집어올리며 무슨 독을 마실지라도 해를 받지 아니하며 병든 사람에게 손을 얹은즉 나으리라 하시더라

여기서 '표적'이라는 말은 영어로는 '사인'(sign), 즉 '표시, 징조'라는 뜻입니다. 이는 제자들이 전한 복음이 진리임을 확증하기 위해, 그리고 그들이 하나님의 사람임을 보증하기 위해 나타나는 놀라운 기적을 의미합니다.

사도행전을 보면 실제로 복음이 증거되는 곳마다 많은 기사와 표적이 나타났고, 이 같은 표적은 효과적인 복음 전파를 위한 도구가 되었습니다. 한 예로 빌립이 사마리아 성에 가서 복음을 전할 때 사람들이 그가 행하는 표적을 보고 그의 말에 귀를 기울였다고 성경은 말씀합니다.

행 8:6-8 무리가 빌립의 말도 듣고 행하는 표적도 보고 한마음으로 그가 하는 말을 따르더라 많은 사람에게 붙었던 더러운 귀신들이 크게 소리를 지르며 나가고 또 많은 중풍병자와 못 걷는 사람이 나으니 그 성에 큰 기쁨이 있더라

우리도 믿음의 사람, 성령의 사람이 되어 우리를 통해 표적이 나타나서 하나님 나라의 확장을 위해 크게 쓰임 받기를 간절히 소망합니다.

3. 치료자 예수님을 믿는 신앙

예수님은 치료자 되십니다. 그리고 지금도 성령님을 통해 우리를 치료하고 계십니다. 특히 우리가 예수 보혈의 능력을 의지하고 예수 이름의 권세를 선포할 때 질병의 결박에서 벗어나 치유의 기적을 체험할 수 있습니다.

1) 예수 보혈의 능력

예수님은 십자가 고난을 겪으시며 물과 피를 쏟으셨습니다. 로마 군인들에게 끌려가 채찍에 맞으실 때마다 살점이 떨어져 나갔습니다. 머리에 가시관을 쓰셨고, 두 손과 발은 십자가에 못 박혔으며, 옆구리에 창이 찔려서 온몸에서 피가 흘러나왔습니다.

우리를 구원하시기 위해 흘리신 예수 그리스도의 피를 보배로운 피, 즉 보혈이라고 합니다.

예수님의 보혈에는 질병을 가져다주는 마귀를 이기는 힘이 있습니다. 마귀는 우리를 도적질하고 죽이고 멸망시키려 합니다. 마귀는 "너는 죄인이다. 하나님 앞에서 설 자격이 없다."라고 우리를 정죄합니다. 그러나 모든 죄는 예수 그리스도의 보혈로 깨끗하게 씻음을 받을 수 있습니다.

벧전 1:18-19 너희가 알거니와 너희 조상이 물려 준 헛된 행실에서 대속함을 받은 것은 은이나 금 같이 없어질 것으로 된 것이 아니요 오직 흠 없고 점 없는 어린 양 같은 그리스도의 보배로운 피로 된 것이니라

마귀는 예수 그리스도의 보혈을 두려워합니다. 예수 보혈의 능력을 의지하고 입술로 선포하면 마귀의 세력은 무력화됩니다. 그렇기에 우리는 날마다 예수 보혈의 능력을 의지해야 합니다. 예수님의 보혈이 우리의 온몸을 덮어서 악한 마귀와 질병의 세력이 틈타지 못하게 해달라고 기도해야 합니다. 수시로 보혈 찬송을 부르며 질병의 세력을 쫓아내야 합니다.

• 해설 TIP • 보혈 찬송

미국에서 목회할 때의 이야기입니다. 당시 교회 성도의 부탁으로 한국에서 유학 온 한 청년을 위해 기도해 주러 가게 되었습니다. 그런데 그에게 '예수'라고 주장하는 귀신이 들어갔습니다. 제가 그 청년에게 가는 도중 마귀가 먼저 알고 그에게 속삭였습니다. "6층 창문에서 뛰어내려! 그래도 괜찮아." 청년은 마귀의 속삭임을 듣고 6층 창문으로 달려갔습니다. 그러나 다행히 창살이 있어서 유리만 깨지고 청년은 뒤로 튕겨 바닥에 눕고 말았습니다.

청년의 어머니와 형, 저는 청년을 눕혀 놓은 상태에서 보혈 찬송을 부르기 시작했습니다. "나의 죄를 씻기는 예수의 피밖에 없네!" 찬송 가사 중에 '예수의 피'라는 소절이 나올 때마다 청년의 몸이 부르르 떨렸습니다. 그렇게 보혈 찬송을 부른 후에 청년을 붙잡고 기도했습니다. 밤 12시부터 다음날 낮 2시까지 14시간 동안 간절히 기도했습니다. 결국 귀신이 쫓겨 나갔습니다.

오늘날 많은 사람이 죄와 저주, 그리고 질병에 매여 억압된 생활을 하는 것은 예수 보혈의 능력을 신뢰하지 않기 때문입니다. 우리는 주님이 주신 강력한 무기인 보혈의 능력을 사용해야 합니다. 우리 모두 예수 그리스도의 보혈의 능력에 힘입어 날마다 승리하는 믿음의 용사가 되기를 바랍니다.

2) 예수 이름의 권세

우리는 하나님께 간구할 때 예수 이름의 권세를 의지하여 기도해야 합니다. 이는 예수님이 직접 우리에게 약속해 주신 것입니다. 예수님은 자신의 이름으로 무엇이든지 구하면 그것을 이뤄주겠다고 말씀하셨습니다.

> 요 14:13-14 너희가 내 이름으로 무엇을 구하든지 내가 행하리니 이는 아버지로 하여금 아들로 말미암아 영광을 받으시게 하려 함이라 내 이름으로 무엇이든지 내게 구하면 내가 행하리라

예수님의 이름은 곧 예수님의 존재 자체이며, 예수님의 능력과 권세입니다. 무엇보다 예수 그리스도의 이름은 하늘과 땅과 땅 아래의 모든 자들에게 가장 권세 있는 이름입니다.

> 빌 2:9-10 이러므로 하나님이 그를 지극히 높여 모든 이름 위에 뛰어난 이름을 주사 하늘에 있는 자들과 땅에 있는 자들과 땅 아래에 있는 자들로 모든 무릎을 예수의 이름에 꿇게 하시고

어느 날 베드로와 요한은 성전으로 올라가는 길에 나면서부터 못

걷게 된 자가 미문 앞에서 구걸하는 것을 보았습니다. 이때 베드로와 요한이 그를 향해 "예수 그리스도의 이름으로 일어나 걸으라"라고 말하며 그의 오른손을 잡아 일으켰습니다. 그러자 그가 발과 발목에 힘을 얻고 벌떡 일어나서 성전을 뛰어다니며 하나님을 찬양했습니다.

> 행 3:6 베드로가 이르되 은과 금은 내게 없거니와 내게 있는 이것을 네게 주노니 나사렛 예수 그리스도의 이름으로 일어나 걸으라 하고

베드로와 요한이 자신들의 힘으로 병자를 일어나게 한 것이 아닙니다. 예수 그리스도의 이름의 권세가 질병을 물리치고 치유의 기적을 일으킨 것입니다.

이러한 예수 그리스도의 이름의 권세가 우리에게도 주어졌습니다. 그러나 우리가 그 권세를 사용하지 않으면 치유의 역사는 나타나지 않습니다. 치료자 되신 예수님을 대신하여 우리가 예수 그리스도의 이름으로 질병의 세력을 물리치고 고통당하는 자들에게 주님의 치유하심을 드러내야 합니다. 우리가 믿음으로 예수 이름의 권세를 사용할 때 능력과 기적이 나타날 것입니다.

특히 '병을 짊어지신 예수님 신앙'을 가진 순복음의 성도는 오늘,

내가 있는 삶의 자리에서 치유를 경험함으로써 하나님의 살아계심을 증언해야 합니다. 우리의 치유 경험과 간증을 통해 예수 그리스도의 복음이 더욱 강력하게 전파되고 기쁨과 감사의 찬양이 하나님께 드려지게 될 것입니다.

· 적용을 위한 질문 ·

1. 지금 아픈 곳이 있나요? 혹은 내 주변에 병으로 고통당하는 분이 있나요? 지금, 이 시간 예수님의 치료와 회복의 은혜가 임하기를 간구하며 기도문을 적어보세요.

   ....

   ....

   ....

   ....

2. 나는 예수 그리스도의 보혈의 능력과 그 이름의 권세를 적극 활용하고 있나요? 이와 관련된 직·간접적인 경험을 적어보세요.

   ....

   ....

   ....

   ....

"이것들을 증언하신 이가 이르시되 내가 진실로 속히 오리라 하시거늘 아멘 주 예수여 오시옵소서"
- 요한계시록 22장 20절

제9강

다시 오실 예수님 신앙

---

1. 예수님의 재림에 대한 약속
   1) 재림에 관한 성경 말씀
   2) 재림의 목적
   3) 재림의 시기

2. 예수님의 재림 때 일어날 일들
   1) 공중재림과 혼인잔치
   2) 지상재림과 천년왕국
   3) 최후 심판
   4) 새 하늘과 새 땅

3. 재림을 기다리는 성도의 자세
   1) 성령님의 기름 부으심
   2) 열정적인 복음 전파
   3) 천국 소망

제9강 | 다시 오실 예수님 신앙

· 핵심 포인트 ·

우리는 종말에 대한 하나님의 말씀을 굳게 믿고 다시 오실 예수님을 고대하며 영적으로 깨어 있어야 합니다.

· 주제말씀 ·

"그 때에 인자가 구름을 타고 큰 권능과 영광으로 오는 것을 사람들이 보리라"

_마가복음 13장 26절

"이것들을 증언하신 이가 이르시되 내가 진실로 속히 오리라 하시거늘 아멘 주 예수여 오시옵소서"

_요한계시록 22장 20절

이 세상에 태어난 모든 사람은 나그네와 같은 삶을 살다가 죽음을 맞이하게 됩니다. 그러나 죽음은 끝이 아닙니다. 죽음은 영원한 세계의 시작입니다. 예수님을 믿고 구원받은 성도는 죽음 후에 영원한 천국에 올라가고, 예수님을 믿지 않고 죄 가운데 살던 사람은 영원한 지옥에 가게 됩니다.

이때 예수님이 구원받은 성도들을 천국으로 데려가기 위해 다시 오실 것입니다. 그렇기에 우리는 다시 오실 예수님을 기다리며 끝까지 믿음을 잃지 않고 우리에게 맡겨진 사명을 잘 감당해야 할 것입니다.

1. 예수님의 재림에 대한 약속

'재림'은 부활, 승천하신 예수님이 모든 권세와 능력을 가지고 이 세상에 다시 오시는 것을 말합니다. 성경은 예수님의 재림에 대해 분명하게 증언하고 있습니다.

1) 재림에 관한 성경 말씀
구약성경에서는 주로 예수님의 초림과 재림을 동시에 예언하고 있어서 구별하기 쉽지 않습니다. 그럼에도 예수님의 재림에 대해 분명하게 말씀하는 구절들을 찾을 수 있습니다.

대표적인 말씀이 다니엘서입니다. 다니엘은 꿈과 환상을 통해 종말에 대한 계시를 받았습니다. 그는 환상 중에 바다에서 나온 네 마리의 짐승이 열방을 다스리지만, 얼마 지나지 않아 "인자 같은 이"가 "옛적부터 항상 계신 이"에게 영원한 권세를 받는 것을 보게 됩니다.

단 7:13-14 내가 또 밤 환상 중에 보니 인자 같은 이가 하늘 구름을 타고 와서 옛적부터 항상 계신 이에게 나아가 그 앞으로 인도되매 그에게 권세와 영광과 나라를 주고 모든 백성과 나라들과 다른 언어를 말하는 모든 자들이 그를 섬기게 하였으니 그의 권세는 소멸되지 아니하는 영원한 권세요 그의 나라는 멸망하지 아니할 것이니라

다니엘이 환상으로 인해 번민하자, 천사가 그 환상의 의미를 해석해 주었습니다. 다니엘의 꿈과 환상은 악한 영과 세력들이 세상을 다스리는 시기가 오겠지만 인자이신 예수님이 재림하실 때 그들은 모두 멸망하고 그리스도가 통치하는 영원한 나라가 세워질 것을 보여 준 것입니다.

그 외에도 예레미야, 요엘, 미가, 스가랴 같은 선지자들도 예수님의 재림에 대해 예언했습니다(렘 46:10; 욜 2:1; 미 4:6-7; 슥 14:4-5).

신약성경은 예수님의 재림에 대해 더욱 명백하게 말씀합니다. 먼저 예수님은 공생애 기간에 제자들에게 예수님이 말세에 친히 다시 오실 것을 약속하시면서 믿는 자들이 항상 깨어 있어 준비해야 한다고 말씀하셨습니다.

> 막 13:26, 33 그 때에 인자가 구름을 타고 큰 권능과 영광으로 오는 것을 사람들이 보리라 … 주의하라 깨어 있으라 그 때가 언제인지 알지 못함이라

예수님이 승천하실 때도 재림에 대한 약속이 주어졌습니다. 제자들은 하늘로 올라가시는 예수님을 바라보고 있었는데 흰옷 입은 천사들이 나타나 예수님이 다시 오실 것임을 예언했습니다.

> 행 1:11 이르되 갈릴리 사람들아 어찌하여 서서 하늘을 쳐다보느냐 너희 가운데서 하늘로 올려지신 이 예수는 하늘로 가심을 본 그대로 오시리라 하였느니라

이처럼 성경 곳곳에서 예수님의 재림과 종말에 대해 분명히 기록하고 있습니다. 그리고 우리가 기억해야 할 것은 신실하신 하나님이 약속하신 말씀을 반드시 이루신다는 사실입니다. 예수님이 다시 오신다는 약속은 반드시 성취될 것입니다.

> **· 해설 TIP ·** **'파루시아'의 유래**
>
> 신약성경에서는 예수님의 재림에 대해 약 300회 언급되었습니다(고전 15:23; 살전 2:19; 약 5:7-8; 벧후 1:16; 요일 2:28 등). 재림은 헬라어로 '파루시아'인데, 이 말은 본래 1세기 헬라 문화에서는 로마 황제가 식민지 도시들을 방문하는 사건을 가리켰습니다. 황제가 도시를 방문하는 날은 '거룩한 날'로 지정되어 축제를 열거나 황제의 얼굴이 들어간 기념주화를 만들기도 했습니다. 그러나 만왕의 왕이신 예수님의 재림은 로마의 황제가 도시를 방문하는 것과는 비교할 수조차 없이 위대한, 전 우주적 사건입니다.

2) 재림의 목적

예수님이 재림하시는 목적은 크게 세 가지로 설명할 수 있습니다.

첫째, 예수님은 언약의 말씀을 이루기 위해 오십니다. 예수님은 하늘의 영원한 거처를 예비하기 위해 하늘나라로 가신다고 말씀하셨습니다. 나아가 그 예비하신 거처로 제자들과 구원받은 하나님의 자녀들을 데려가시기 위해 다시 이 땅에 오실 것도 약속하셨습니다.

요 14:2-3 내 아버지 집에 거할 곳이 많도다 그렇지 않으면 너희에게 일렀으리라 내가 너희를 위하여 거처를 예비하러 가노니 가서 너희를 위하여 거처를 예비하면 내가 다시 와서 너희를 내게로 영접하여 나 있는 곳에 너희도 있게 하리라

둘째, 사망 권세를 멸하시고 그리스도 안에서 죽은 자들을 부활시키시기 위해 오십니다.

고전 15:25-26 그가 모든 원수를 그 발 아래에 둘 때까지 반드시 왕 노릇 하시리니 맨 나중에 멸망 받을 원수는 사망이니라

고전 15:52 나팔 소리가 나매 죽은 자들이 썩지 아니할 것으로 다시 살아나고 우리도 변화되리라

이때 부활한 자들은 영광스러운 모습으로 변화되고(빌 3:20-21), 살아남은 성도들과 함께 공중으로 올라가서 예수님을 영접하고 예수님과 더불어 영원한 삶을 살게 될 것입니다.

셋째, 세상을 심판하기 위해 오십니다. 이때 각 사람이 행한 대로 보응을 받게 될 것입니다.

마 16:27 인자가 아버지의 영광으로 그 천사들과 함께 오리니 그 때에 각 사람이 행한 대로 갚으리라

상급을 받는 자들은 영원한 기쁨과 영광 속에서 하나님을 예배하며 살게 될 것이고 심판을 받는 자들은 영원한 불지옥에 빠져 형언할 수 없는 고통 속에서 살게 될 것입니다.

3) 재림의 시기

예수님이 세상의 종말과 주님의 재림에 관해 말씀하셨을 때 제자들은 그때가 언제인지 물었습니다. 그러자 예수님은 그 일시에 관해서는 오직 하나님만 아신다고 말씀하셨습니다.

> 마 24:36 그러나 그 날과 그 때는 아무도 모르나니 하늘의 천사들도, 아들도 모르고 오직 아버지만 아시느니라

성경의 약속대로 예수님은 반드시 다시 오실 것입니다. 그러나 재림의 시기는 하나님 외에는 아무도 모릅니다. 주님의 날은 우리가 예상치 못한 그때, "도둑 같이"(벧후 3:10) 임할 것입니다. 그렇기에 그 누구도 재림의 날짜와 시간을 예측할 수 없으며 함부로 단정해서도 안 됩니다.

우리가 주님이 언제 다시 오실지는 알 수 없지만, 그날이 가까이 다가오고 있음은 알 수 있습니다. 예수님이 친히 말세의 징조에 대해 알려주셨기 때문입니다. 그 징조는 다음과 같습니다.

① 적그리스도의 출현(마 24:5)
② 난리와 난리 소문(마 24:6)
③ 민족 간, 나라 간의 대적(마 24:7)
④ 기근과 지진(마 24:7)
⑤ 크리스천의 환난(마 24:9)
⑥ 미움이 가득하고 사랑이 식은 세상(마 24:12)
⑦ 복음이 땅끝까지 전파됨(마 24:14)

실제로 현재 세상에서 벌어지는 일들을 살펴보면 예수님이 말씀하신 징조들이 이미 나타나고 있습니다. 이단들이 왕성하게 활동하며 많은 사람을 미혹하고, 민족과 나라 간의 전쟁이 끊이지 않으며, 기근과 지진과 기상 이변이 세계 곳곳에서 나타나고 있습니다. 이러한 징조들을 통해 우리는 마지막 때가 가까이 왔음을 짐작할 수 있습니다.

종말이 가까워질수록 거짓 그리스도와 거짓 선지자들이 일어나서 예수님의 재림에 대해 잘못된 내용을 전할 것입니다. 예수님의 재림을 부인하거나, 자신이 재림한 예수님이라고 주장하거나, 혹은 재림의 날을 어느 한 날로 특정하여 많은 사람을 미혹할 것입니다. 그래서 우리는 이러한 거짓된 말들에 미혹되지 않도록 영적으로 깨어 있어야 합니다.

> **마 25:13** 그런즉 깨어 있으라 너희는 그 날과 그 때를 알지 못하느니라

2. 예수님의 재림 때 일어날 일들

세상의 종말과 예수 그리스도의 재림 때 여러 사건이 함께 일어납니다.

1) 공중재림과 혼인잔치

예수님의 재림은 공중재림과 지상재림으로 구분됩니다. 먼저 예수님은 호령과 천사장의 소리와 하나님의 나팔 소리와 함께 하늘로부터 오실 것입니다.

> **살전 4:16-17** 주께서 호령과 천사장의 소리와 하나님의 나팔 소리로 친히 하늘로부터 강림하시리니 그리스도 안에서 죽은 자들이 먼저 일어나고 그 후에 우리 살아 남은 자들도 그들과 함께 구름 속으로 끌어 올려 공중에서 주를 영접하게 하시리니 그리하여 우리가 항상 주와 함께 있으리라

나팔 소리가 나면 죽은 자들이 먼저 부활하고 살아 있던 성도들도

함께 공중으로 들려 올라갑니다. 그리고 마지막 나팔 소리와 함께 부활하신 예수님의 몸처럼 썩지 않는 영광스럽고 신령한 몸으로 변화됩니다(고전 15:42-44, 51-53). 신부인 교회와 성도들은 신랑이신 예수님을 영접하고 7년 혼인 잔치에 참여하게 됩니다.

이때 지상에서는 적그리스도가 사탄의 권세를 받아 세상을 통치하는 7년 환난이 시작됩니다. 적그리스도를 경배하는 자들은 오른손이나 이마에 짐승의 표를 받아 생활을 영위하지만(계 13:16-17), 이를 거부하는 자들은 극심한 핍박을 받게 될 것입니다.

> 단 9:27 그가 장차 많은 사람들과 더불어 한 이레 동안의 언약을 굳게 맺고 그가 그 이레의 절반에 제사와 예물을 금지할 것이며 또 포악하여 가증한 것이 날개를 의지하여 설 것이며 또 이미 정한 종말까지 진노가 황폐하게 하는 자에게 쏟아지리라 하였느니라 하니라

2) 지상재림과 천년왕국
7년 환난이 끝나면 예수님은 성도들과 함께 지상에 강림하십니다. 이것을 지상재림이라고 합니다.

이때 인류 최후의 전쟁인 아마겟돈이 일어나서 짐승의 표를 받은

자들이 모두 심판받게 됩니다(계 19:17-18). 또한 적그리스도와 거짓 선지자는 붙잡혀서 산 채로 불 못에 던져지고 사탄은 무저갱에 감금됩니다(계 19:20-20:3).

이후 예수님이 다스리시는 천년왕국 시대가 열립니다. 예수님을 증거하며 믿음을 지키기 위해 순교한 사람들과 적그리스도에게 표를 받지 않은 사람들은 예수님과 함께 천 년 동안 왕 노릇을 하게 될 것입니다.

계 20:4 또 내가 보좌들을 보니 거기에 앉은 자들이 있어 심판하는 권세를 받았더라 또 내가 보니 예수를 증언함과 하나님의 말씀 때문에 목 베임을 당한 자들의 영혼들과 또 짐승과 그의 우상에게 경배하지 아니하고 그들의 이마와 손에 그의 표를 받지 아니한 자들이 살아서 그리스도와 더불어 천 년 동안 왕 노릇 하니

천 년 이후 하나님은 진실로 하나님을 사랑하는 자들을 가려내기 위해 사탄을 무저갱에서 잠시 놓아주십니다. 이때 바다의 모래같이 많은 사람이 미혹에 빠지게 될 것입니다(계 20:7-8).

3) 최후 심판

이후 하늘과 땅이 없어지고 하나님의 최후 심판이 시작됩니다.

계 20:11 또 내가 크고 흰 보좌와 그 위에 앉으신 이를 보니 땅과 하늘이 그 앞에서 피하여 간 데 없더라

심판하시는 하나님이 크고 흰 보좌에 앉아계셔서 '백보좌 심판'이라고 불리기도 합니다. 예수님은 하나님 우편에 서계시고 부활한 모든 성도는 그 뒤에 서게 됩니다. 하나님을 믿지 않고 죽은 모든 사람도 부활하여 흰 보좌 앞에서 심판받게 됩니다. 이때 그들의 모든 행실이 낱낱이 드러나게 될 것입니다.

또한 예수님을 믿고 구원받은 성도들은 생명책에 이름이 적혀 있을 것입니다. 생명책에 이름이 없는 사람은 불과 유황으로 타는 못에 던져지게 되며 마귀와 그를 따르는 거짓 선지자들과 함께 지옥에서 영원히 고통을 당하게 됩니다.

계 20:14-15 사망과 음부도 불못에 던져지니 이것은 둘째 사망 곧 불못이라 누구든지 생명책에 기록되지 못한 자는 불못에 던져지더라

막 9:48-49 거기에서는 구더기도 죽지 않고 불도 꺼지지 아니

하느니라 사람마다 불로써 소금 치듯 함을 받으리라

이것이 둘째 사망, 곧 영원한 사망입니다(계 20:14).

4) 새 하늘과 새 땅

최후 심판 후에 구원받은 성도는 예비된 새 하늘과 새 땅으로 들어가게 됩니다. 또한 거룩한 성 새 예루살렘에서 영원히 살게 될 것입니다. 성경은 새 예루살렘이 마치 신부가 신랑을 위해 단장한 것과 같이 거룩하고 아름다운 곳이라고 말씀합니다.

> **계 21:1-2** 또 내가 새 하늘과 새 땅을 보니 처음 하늘과 처음 땅이 없어졌고 바다도 다시 있지 않더라 또 내가 보매 거룩한 성 새 예루살렘이 하나님께로부터 하늘에서 내려오니 그 준비한 것이 신부가 남편을 위하여 단장한 것 같더라

새 예루살렘은 온갖 보석으로 장식되어 있고 수정같이 맑은 강이 하나님과 어린양의 보좌로부터 나와 거리마다 굽이쳐 흐릅니다. 강가에는 생명나무가 있어 온 주변이 생명으로 충만합니다. 이와 같은 새 예루살렘의 모습은 요한계시록에 기록되어 있습니다(계21:9-22:5).

새 예루살렘에서 그리스도와 구원받은 성도들은 영원토록 함께

거하며 왕 노릇을 할 것입니다. 그곳에서는 하나님이 모든 사람의 눈에서 눈물을 닦아 주셨기에 죽음도, 슬픔도, 근심도, 고통도, 눈물도 없을 것입니다(계 21:4).

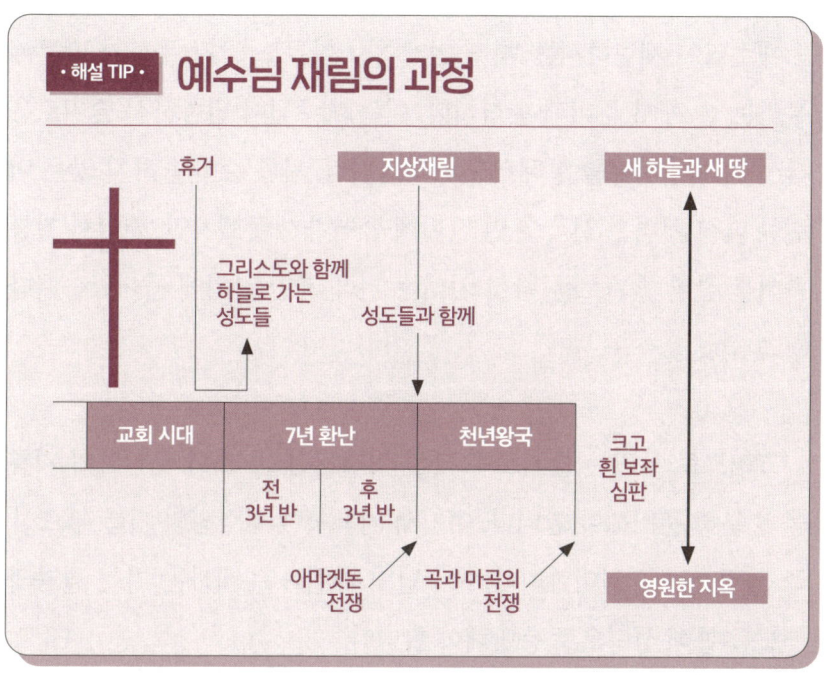

3. 재림을 기다리는 성도의 자세

성도가 이 땅에서 고난을 당해도 여전히 기뻐하고 소망을 가질 수 있는 까닭은 주님의 재림에 대한 약속의 말씀을 믿고 있기 때문입니다. 주님은 반드시 오실 것입니다. 그리고 우리는 주님의 재림을 준비해야 합니다.

1) 성령님의 기름 부으심

예수님이 재림하시는 때가 언제인지 아무도 알지 못하기 때문에 우리는 늘 깨어 준비해야 합니다. 이는 예수님이 말씀하신 슬기로운 다섯 처녀의 비유를 통해서도 나타납니다. 기름 준비를 하지 않은 미련한 다섯 처녀는 천국 혼인 잔치에 들어가지 못했지만, 깨어서 기름 준비를 잘한 슬기로운 다섯 처녀는 천국 혼인 잔치에 들어갔습니다(마 25:1-13).

그러므로 우리는 슬기로운 다섯 처녀처럼 늘 깨어 근신하며 기름을 충분히 준비해야 합니다. 여기서 기름이란 성령님의 기름 부으심, 즉 성령충만을 의미합니다. 예수님의 재림을 준비하는 자는 말씀과 기도를 통해 성령으로 충만해야 합니다.

또한 말세가 가까울수록 악한 마귀는 더욱 많은 자들을 멸망시키기 위해 안간힘을 쓸 것입니다. 이에 우리는 믿음 위에 굳건히 서야 합니다(살후 2:15). 하나님의 전신 갑주로 무장하여 악한 마귀와의 영적 전투에서 승리하는 삶을 살아야 합니다.

엡 6:13 그러므로 하나님의 전신 갑주를 취하라 이는 악한 날에 너희가 능히 대적하고 모든 일을 행한 후에 서기 위함이라

2) 열정적인 복음 전파

성경은 종말의 징조 가운데 하나가 모든 민족에 복음이 전파되리라는 것이라고 말씀합니다.

마 24:14 이 천국 복음이 모든 민족에게 증언되기 위하여 온 세상에 전파되리니 그제야 끝이 오리라

주님이 다시 오시는 그날까지 우리는 최선을 다해 복음을 전해야 합니다. 주님이 다시 오실 때 많은 영혼을 구원의 길로 인도한 자들을 위해 영원한 상급을 예비하셨습니다. 그러므로 우리는 때를 얻든지 못 얻든지 항상 전도에 힘써야 합니다.

딤후 4:2 너는 말씀을 전파하라 때를 얻든지 못 얻든지 항상 힘쓰라 범사에 오래 참음과 가르침으로 경책하며 경계하며 권하라

3) 천국 소망

예수님은 다시 오실 때 우리가 행한 대로 갚아 주십니다. 그래서

예수님의 재림은 불신자들에게는 하나님의 심판이지만, 믿는 자들에게는 소망이 됩니다.

예수님이 재림하실 때 우리는 영광스러운 모습으로 부활하여 천국에서 영원토록 예수님과 함께하는 기쁨을 누리게 될 것입니다. 장차 나타날 하나님의 영광은 현재의 고난과 비교할 수 없을 것입니다.

롬 8:18 생각하건대 현재의 고난은 장차 우리에게 나타날 영광과 비교할 수 없도다

초대교회의 성도들은 이러한 천국 소망이 있었기에 극심한 박해 속에서도 믿음을 지키고 그리스도를 증거하는 승리의 삶을 살 수 있었습니다.

'다시 오실 예수님 신앙'을 가진 순복음의 성도도 이러한 초대교회의 재림 신앙을 계승해야 합니다. 우리의 소망을 이 땅에 두지 말고 천국에 둠으로써, 현재 어떤 환경 가운데 있더라도 영원한 천국을 바라봐야 합니다. 예수님의 재림과 천국에 대한 소망이 현재의 고난을 이겨낼 힘과 끝까지 믿음의 경주를 할 수 있는 인내를 줄 것입니다.

계 22:20 이것들을 증언하신 이가 이르시되 내가 진실로 속

히 오리라 하시거늘 아멘 주 예수여 오시옵소서

> **· 해설 TIP ·** **폴리캅의 순교**
>
> 폴리캅은 사도 요한의 제자이자 요한계시록에 나오는 일곱 교회 중 하나인 서머나교회의 감독이었습니다.
>
> 156년경, 로마제국의 대대적인 기독교 박해가 시작되었을 때 폴리캅도 체포되었습니다. 당시 서머나 지역을 다스리던 총독은 폴리캅의 명성과 고령의 나이를 생각해서 그가 신앙을 버리면 살려주겠다고 말했습니다. 그러자 폴리캅은 이렇게 대답했습니다. "86년 동안 나는 그분의 종이었습니다. 그동안 그분은 내게 아무 잘못도 하지 않으셨습니다. 그런데 어떻게 내가 나를 구원하신 왕을 모독할 수 있겠습니까?" 이에 분노한 총독은 폴리캅을 화형에 처했습니다. 폴리캅은 뜨겁게 타오르는 불길 속에서 마지막 기도를 올렸습니다.
>
> "하나님 아버지, 당신께서 오늘 이 시간 저를 순교자의 반열에 서게 해주시니 감사합니다. 그리고 그리스도의 잔치에 참여하게 하시어 내 몸과 영혼이 성령의 썩지 않는 축복 속에서 영생의 부활을 얻기에 합당하다고 여겨주시니 감사합니다."

· 적용을 위한 질문 ·

1. 요즘 나의 주된 관심사는 무엇인가요? 예수님의 재림이 멀게만 느껴지고 현재의 삶에 필요한 것들에 더 많은 관심을 쏟고 있지는 않은지 생각해 봅시다.

2. 나는 주님의 재림을 맞을 준비가 되어 있나요? 오늘 밤에 주님이 재림하신다면 내가 해야 할 가장 급하고 중요한 일은 무엇인지 적어보세요.

제10강

나누어 주는 신앙

---

1. 성경에 나타난 나누어 주는 신앙
   1) 율법의 가르침
   2) 예수님의 모범
   3) 초대교회의 섬김과 나눔

2. 나누어 주는 신앙의 의미
   1) 청지기의 삶
   2) 교회의 사명
   3) 하나님 나라의 실현

3. 나누어 주는 신앙의 실천
   1) 개인적인 삶에서의 나눔
   2) 공동체 차원에서의 나눔

제10강 | 나누어 주는 신앙

· 핵심 포인트 ·

우리는 예수님이 보여주신 사랑과 섬김을 본받아 하나님으로부터 받은 복을 이웃에게 나누어 줘야 합니다.

· 주제말씀 ·

"믿는 사람이 다 함께 있어 **모든 물건을 서로 통용하고 또 재산과 소유를 팔아 각 사람의 필요를 따라 나눠 주며** 날마다 마음을 같이하여 성전에 모이기를 힘쓰고 집에서 떡을 떼며 기쁨과 순전한 마음으로 음식을 먹고 하나님을 찬미하며 또 온 백성에게 칭송을 받으니 주께서 구원 받는 사람을 날마다 더하게 하시니라"

_ 사도행전 2장 44-47절

크리스천의 섬김과 나눔은 어떤 대가를 바라는 마음에서 하는 것이 아닙니다. 하나님께 받은 사랑과 은혜가 마음에 차고 넘쳐서 밖으로 흘러나오는 것입니다. 독생자 예수님까지도 내어주신 하나님의 깊은 사랑을 진정으로 깨달은 사람은 자신이 받은 그 사랑을 다른 이에게 전할 수밖에 없습니다. 이처럼 하나님의 사랑을 세상 가운데 나타내는 것, 이것이 바로 '나누어 주는 신앙'입니다.

1. 성경에 나타난 나누어 주는 신앙

나눔은 하나님의 백성에게 요구되는 삶의 자세입니다. 하나님은 성경을 통해 가난한 자에게 인색하지 말고 아낌없이 나누고 베풀어 주라고 말씀하셨습니다.

1) 율법의 가르침
나누어 주는 신앙은 하나님이 모세를 통해 주신 율법의 가르침에도 나와 있습니다.

하나님은 추수할 때 땅의 소산물을 다 거두지 말고 나그네와 가난한 이웃을 위해 남겨두라고 명하셨고(레 23:22), 또한 삼 년마다 십일조를 따로 저축해 두었다가 고아, 과부, 나그네, 레위인을 위해 사용하라고 말씀하셨습니다(신 14:28-29).

세상에는 언제나 도움을 필요로 하는 가난한 사람들이 있습니다. 그렇기에 하나님은 하나님의 백성이 먼저 그들에게 다가가 손을 내밀고 나눔의 신앙을 실천해야 한다고 말씀하신 것입니다.

신 15:11 땅에는 언제든지 가난한 자가 그치지 아니하겠으므로 내가 네게 명령하여 이르노니 너는 반드시 네 땅 안에 네 형제 중 곤란한 자와 궁핍한 자에게 네 손을 펼지니라

· 해설 TIP · 구약의 십일조 3가지

구약의 율법에 나타난 십일조의 종류는 3가지입니다.

① 첫째 십일조(레 27:30-34; 민 18:21-24): 기업이 없는 레위인의 생계를 위해 이스라엘 백성은 소출의 10분의 1을 바쳤습니다.
② 둘째 십일조(신 14:23-27): 첫째 십일조를 바치고 남은 소출 중 10분의 1은 축제 비용으로 사용되었습니다.
③ 셋째 십일조(신 14:28-29, 26:12-15): 둘째 십일조 중에서 매 3년과 6년째 거둔 것에 대해서는 축제에 사용하지 않고 구제 사업에 사용했습니다. 이는 성읍에 사는 가난한 사람들을 돌보기 위해 마련한 일종의 공동체 구제 헌금이었습니다.

> 이처럼 십일조는 하나님의 주권을 인정하고 은혜에 감사하는 것뿐 아니라 이웃에 대한 사랑을 실천하는 제도였습니다.

특히 희년 제도는 가난하고 소외된 자를 향한 하나님의 마음을 잘 보여주고 있습니다. 희년은 7년마다 돌아오는 안식년이 일곱 번 지나고 나서 오십 년째 되는 해입니다. 율법에 따르면 희년에는 땅이나 집을 저당 잡힌 사람들이 값을 치르지 않고 자기 소유를 되돌려 받게 하고, 채무로 말미암아 종이 된 사람도 자유인이 되게 했습니다(레 25:23-55).

이처럼 하나님이 주신 율법은 하나님의 거룩한 백성이라는 영광스러운 신분에는 그에 합당한 삶이 동반되어야 함을 가르쳐 줍니다. 긍휼과 사랑의 마음으로 어려운 이웃에게 나누고 베푸는 것은 하나님의 백성으로서 마땅히 행해야 할 의무입니다. 또한 하나님은 나누는 삶을 사는 자에게 더욱 풍족한 복으로 채워주신다고 약속하셨습니다.

잠 11:24-25 흩어 구제하여도 더욱 부하게 되는 일이 있나니 과도히 아껴도 가난하게 될 뿐이니라 구제를 좋아하는 자는 풍족하여질 것이요 남을 윤택하게 하는 자는 자기도 윤택하여지리라

2) 예수님의 모범

예수님은 몸소 섬기고 나누는 삶의 본을 보이셨습니다. 무엇보다 예수님은 하늘 보좌에서 내려오셔서 연약한 인간의 몸을 입고 가장 낮은 자리에 임하셨습니다.

> **빌 2:6-8** 그는 근본 하나님의 본체시나 하나님과 동등됨을 취할 것으로 여기지 아니하시고 오히려 자기를 비워 종의 형체를 가지사 사람들과 같이 되셨고 사람의 모양으로 나타나사 자기를 낮추시고 죽기까지 복종하셨으니 곧 십자가에 죽으심이라

이 땅에 오신 예수님은 공생애 사역 동안 가난하고 헐벗고 굶주리고 소외된 자들과 병들고 상처 입은 자들을 돌보셨습니다. 그리고 제자들에게 그들을 돌보는 것이 곧 예수님을 섬기는 것이라고 말씀하셨습니다(마 25:31-46).

또한 예수님은 십자가에 달리시기 전 제자들의 발을 씻어주심으로써 친히 섬김의 본을 보여주셨습니다. 제자들에게 예수님의 참된 제자는 겸손하게 남을 섬기는 삶을 살아야 함을 가르치신 것입니다(요 13:14-15).

무엇보다 예수님은 십자가에서 우리의 가난과 저주와 질병의 모든 문제를 대신 짊어지고 돌아가심으로 자신의 생명까지도 기꺼이 나누어 주셨습니다. 이를 통해 우리가 죄 사함을 받고 가난과 저주에서 놓여나 축복을 누리며 살 수 있게 된 것입니다.

3) 초대교회의 섬김과 나눔

초대교회 성도들은 개인적인 영적 성장에만 머무르지 않고, 형편이 어려운 이웃들을 돕는 구제 사역에도 힘썼습니다.

> 행 2:44-47 믿는 사람이 다 함께 있어 모든 물건을 서로 통용하고 또 재산과 소유를 팔아 각 사람의 필요를 따라 나눠 주며 날마다 마음을 같이하여 성전에 모이기를 힘쓰고 집에서 떡을 떼며 기쁨과 순전한 마음으로 음식을 먹고 하나님을 찬미하며 또 온 백성에게 칭송을 받으니 주께서 구원 받는 사람을 날마다 더하게 하시니라

이처럼 초대교회의 부흥은 말씀 충만, 뜨거운 기도, 성도들의 교제 외에도 나눔을 통한 이웃 사랑의 실천이 있었기에 가능했습니다.

특히 초대교회 성도들의 나눔은 강제적인 분배가 아니라 자발적인 나눔이었기에 더 의미가 깊습니다. 초대교회 성도들은 자기의 소

유를 자기의 것이라고 주장하지 않았고, 가난한 이웃들과 함께 기쁨으로 나누었습니다. 이들이 행한 나눔의 삶은 성령님의 역사로 말미암아 가능했으며, 그 결과 초대교회는 온 백성에게 칭찬받아 날마다 부흥하는 교회가 되었습니다.

초대교회의 나눔은 지역이나 민족의 벽을 넘어 행해졌습니다. 안디옥교회는 글라우디오 황제 때 큰 흉년이 들자 바나바와 바울을 통해 유대에 사는 형제들에게 부조를 보냈습니다(행 11:27-30, 12:25). 또한 마게도냐에 있는 교회들은 많은 시련이 있었음에도 기쁨으로 모금하여 가난한 자들을 도왔습니다(고후 8:1-5).

이처럼 성령으로 충만했던 초대교회는 나누어 주는 신앙을 적극적으로 실천했습니다. 초대교회의 섬김과 나눔은 성령충만한 삶의 자연스러운 결과였으며, 하나님이 기뻐하시는 참된 크리스천의 모습이었습니다(히 13:16).

2. 나누어 주는 신앙의 의미

1) 청지기의 삶
크리스천은 이 세상에서 사는 동안 하나님에게 받은 것을 잠시 맡아서 관리하는 청지기입니다. 청지기의 삶을 사는 크리스천은 하나님이 자신에게 맡긴 모든 소유를 선하게 관리하고자 힘써야 합니다.

> **눅 12:42-44** 주께서 이르시되 지혜 있고 진실한 청지기가 되어 주인에게 그 집 종들을 맡아 때를 따라 양식을 나누어 줄 자가 누구냐 주인이 이를 때에 그 종이 그렇게 하는 것을 보면 그 종은 복이 있으리로다 내가 참으로 너희에게 이르노니 주인이 그 모든 소유를 그에게 맡기리라

현대 사회에서는 다른 사람보다 더 많은 것을 소유하려는 문화가 형성되어 있습니다. 세상 사람들은 인생의 가치를 자신의 소유에서 찾으며, 다른 사람보다 더 많이 소유한 데서 만족을 얻습니다. 그러나 나누어 주는 신앙은 인생의 가치를 자신의 소유에서 찾지 않고 오히려 나누는 데서 찾습니다. 그러므로 우리는 "나는 아무것도 아닙니다. 내 것은 없습니다. 모든 것이 주님의 것입니다."라고 고백하며 주님의 것을 이웃과 나누는 청지기의 삶을 살아야 할 것입니다.

2) 교회의 사명

많은 사람이 무엇인가 받는 것을 축복이라고 생각하곤 합니다. 이같은 생각 때문에 크리스천도 나누는 것보다 받는 것에 더 많은 관심을 가질 때가 있습니다. 그러나 축복의 근본적인 가치는 나누는 데

있습니다.

믿음의 조상인 아브라함의 복은 아브라함과 그의 가족만을 위한 것이 아니었습니다. 아브라함의 복은 그로 말미암아 모든 족속이 하나님의 축복을 받는 '나누어 주는 축복'이었습니다(창 12:1-3). 사도 바울도 에베소교회의 성도들에게 약한 사람들을 도울 것을 말하며, 주는 것이 받는 것보다 복이 있다는 예수님의 말씀을 기억할 것을 권면했습니다.

> **행 20:35** 범사에 여러분에게 모본을 보여준 바와 같이 수고하여 약한 사람들을 돕고 또 주 예수께서 친히 말씀하신 바 주는 것이 받는 것보다 복이 있다 하심을 기억하여야 할지니라

이처럼 교회는 아낌없이 베풀고 나누는 교회의 사명과 역할을 가르치고 실천해야 합니다. 영혼을 사랑하는 마음으로 예수님의 복음을 땅끝까지 전하는 교회, 질병과 가난으로 고통당하는 사람들을 돌보는 교회, 소유를 나눠 이웃 사랑을 실천하는 교회가 되도록 축복의 개념을 바꿔야 합니다. 또한 나누어 주는 신앙이 크리스천에게 진정한 축복이며 행복이라는 것을 삶으로 나타내야 합니다. 이런 점에서 순복음의 나누어 주는 신앙은 축복에 대한 새로운 해석이자 교회의 기본적인 사명을 깊이 일깨우는 신앙이라고 할 수 있습니다.

3) 하나님 나라의 실현

인류가 겪고 있는 경제적 불균등의 문제는 죄로 타락한 인간의 이기심으로 말미암아 소수의 사람이 부를 독점하고 나누지 않은 데서 원인을 찾을 수 있습니다. 인류의 기아와 가난의 주범도 인간의 탐욕에서 비롯됐다고 볼 수 있습니다. 그러나 초대교회는 성도들의 경제적 불균등의 문제를 해결하기 위해 나눔의 신앙을 해답으로 제시했습니다.

> 행 4:32-35 믿는 무리가 한마음과 한 뜻이 되어 모든 물건을 서로 통용하고 자기 재물을 조금이라도 자기 것이라 하는 이가 하나도 없더라 … 그 중에 가난한 사람이 없으니 이는 밭과 집 있는 자는 팔아 그 판 것의 값을 가져다가 사도들의 발 앞에 두매 그들이 각 사람의 필요를 따라 나누어 줌이라

"그 중에 가난한 사람이 없으니"라는 말씀은 구제와 나눔의 실천을 통해 초대교회의 가난의 문제가 해소되었다는 것을 보여줍니다. 이처럼 순복음의 나누어 주는 신앙은 이 땅에 유토피아를 건설하기 위해 급진적인 혁명을 일으키는 것이 아니라, 성령충만과 예수님의 사랑 실천을 통해 우리가 살아가고 있는 삶의 자리에서 하나님의 나라가 실현되도록 선도하는 신앙입니다.

3. 나누어 주는 신앙의 실천

나눔은 많이 소유한 사람이 해야 할 일이라고 생각하기 쉽습니다. 그러나 나눔은 가진 것이 없어도 실천하고자 하는 마음만 있으면 언제, 어디서든 가능합니다. 크리스천은 하나님으로부터 받은 모든 물질과 은사를 크고 작음과 상관없이 다른 사람들을 위해 나누고 섬겨야 합니다.

1) 개인적인 삶에서의 나눔

개인적으로 나눔을 실천할 방법은 다양합니다. 일상에서 주변의 이웃에게 소소하게 도움을 줄 수 있는 일이 있는가 하면, 각종 복지 시설이나 봉사 단체에 가서 몸으로 봉사하는 나눔, 음식이나 옷 등을 베푸는 나눔, 돈을 기부하는 나눔이 있습니다. 또 장기기증이나 헌혈과 같이 생명의 일부분을 기증하는 나눔도 있습니다. 요즘은 꼭 물질적인 것이 아니더라도 자신이 알고 있는 지식이나 재능을 나누는 재능 기부도 많이 활성화되고 있습니다.

어떠한 형태의 나눔을 하든 우리가 명심해야 할 점은 자신의 선행을 남에게 보이려는 목적으로 해서는 안 된다는 것입니다. 진정한 나눔은 자신을 드러내려는 마음이 아니라, 하나님께 받은 것을 나누고자 하는 마음, 이웃을 사랑하고 긍휼히 여기는 마음에서 비롯되어야 합니다. 우리가 나눌 때 행복이 배가 되고, 더 큰 나눔을 할 수 있도록 하나님이 풍성한 복을 채워주실 것입니다.

> **마 6:2-4** 그러므로 구제할 때에 외식하는 자가 사람에게서 영광을 받으려고 회당과 거리에서 하는 것 같이 너희 앞에 나팔을 불지 말라 진실로 너희에게 이르노니 그들은 자기 상을 이미 받았느니라 너는 구제할 때에 오른손이 하는 것을 왼손이 모르게 하여 네 구제함을 은밀하게 하라 은밀한 중에 보시는 너의 아버지께서 갚으시리라

2) 공동체 차원에서의 나눔

나눔은 개인의 삶뿐만 아니라 사회에도 영향을 미칩니다. 하나님은 '세상'을 사랑하십니다. '세상'은 인류를 의미하는 것만이 아닌 하나님이 창조하신 전체 피조물을 가리킵니다. 하나님은 개개인의 영혼 구원을 넘어서 우리가 몸담은 사회, 그리고 대자연까지도 구원하고 회복하기를 원하십니다.

> **요 3:16** 하나님이 세상을 이처럼 사랑하사 독생자를 주셨으니 이는 그를 믿는 자마다 멸망하지 않고 영생을 얻게 하려 하심이라

사회구원은 개인구원에서 비롯됩니다. 하나님의 형상으로 창조된 인간은 죄로 인해 선한 본성을 상실했습니다. 그러나 예수 그리스도의 구속하심으로 새로운 피조물이 된 인간은 본래 창조 시에 부여받은 사명을 회복해 세상을 위한 책임 있는 존재로, 사회구원을 이루는 청지기로 변화되어야 합니다. 구원이 개인의 성화로, 개인의 성화는 사회적 성화로 이어짐으로써 궁극적으로 온 창조세계의 성화로 나아가는 단계를 밟아가는 것입니다.

이를 위해 교회는 기존의 영혼 구원 중심의 사역에 더해 교회의 울타리를 넘어 사회구원 사역을 확대해 나가야 합니다. 단순히 주변에 있는 사람만을 이웃으로 국한하는 것이 아니라 사회적, 경제적, 윤리적 구조 안에서 고통받는 모든 인간을 이웃으로, 교회가 섬겨야 할 대상으로 규정해야 합니다.

> **· 해설 TIP ·** **여의도순복음교회의 사회구원**
>
> 저는 대학생 시절, 난지도에서 봉사활동을 한 적이 있었습니다. 이때 난지도의 열악한 환경 가운데 절망을 안고 살아가는 사람들의 모습을 보며 안타까운 마음을 품었고, 그때부터 교회의 가장 중요한 사명은 가난하고 병들고 소외된 사람을 돌보는 것으로 생각했습니다.

> 여의도순복음교회 담임목사로 취임한 이후 저는 교회 3대 목표 중 하나로 '사랑 실천에 힘쓰는 교회' 운동을 벌였고, 2013년 부활절을 계기로 매년 교회 예산의 3분의 1을 사회적 약자를 위한 구제 및 선교 사업에 사용하기로 했습니다. 교회 1년 전체 예산의 3분의 1 금액인 약 400억 원을 매년 사회공헌에 출연하게 된 것입니다. 이를 통해 '사랑의 희망 박스'를 전달하는 것을 시작으로 저소득층과 장애인, 독거노인, 소년·소녀 가장, 다문화가정, 소상공인, 탈북자, 미혼모 등 소외계층에게 생활비를 지원하고 있습니다. 사랑은 나누면 나눌수록 더욱 커져서 결국 예수님의 사랑으로 온 땅을 덮을 것입니다.

'나누어 주는 신앙'을 가진 순복음의 성도는 자원하는 마음으로 하나님께 받은 축복을 나누는 삶을 살아야 합니다. 우리 사회는 점점 개인주의적인 성향이 강해지고 나누는 일에 인색해지고 있습니다. 이러한 때일수록 우리는 가난하고, 병들고, 어려움을 당한 사람들을 찾아가 섬기고 돌봐주어야 합니다. 그러할 때 하나님의 은혜가 우리의 삶 속에 더욱 차고 넘치게 될 것입니다.

· 적용을 위한 질문 ·

1. 작은 것이라도 다른 사람에게 나누었던 경험이 있나요? 하나님이 내게 주신 것 가운데 나눌 수 있는 것은 무엇인지 적어보세요.

2. 우리 사회는 저출산, 고령화, 지구 온난화 등의 문제에 직면해 있습니다. 이 같은 문제를 해결하기 위해 내가 할 수 있는 일은 무엇인가요?

순복음의 12대 핵심진리
FULL GOSPEL

Part 3.
순복음의 신앙 자세

믿음이 있는 사람과 믿음이 없는 사람은 삶을 대하는 태도나 자세에 분명한 차이가 있습니다. 믿음이 없는 사람은 문제가 다가오면 부정적인 생각이 먼저 들고, 고난이나 역경 속에서 불평하고 원망하기 쉽습니다. 그러나 순복음의 신앙을 가진 성도는 문제와 고난 속에서도 낙심하지 않고 좋으신 하나님의 역사를 기대하며 감사할 수 있습니다. 이러한 삶의 자세가 바로 순복음의 '절대 긍정'과 '절대 감사'입니다.

"우리가 알거니와 하나님을 사랑하는 자 곧 그의 뜻대로 부르심을 입은 자들에게는 모든 것이 합력하여 선을 이루느니라"

- 로마서 8장 28절

제11강
절대 긍정

1. 절대 긍정의 의미
   1) 믿음과 절대 긍정
   2) 무조건적인 신뢰와 순종

2. 절대 긍정의 근거
   1) 하나님의 변함없는 사랑
   2) 예수 그리스도의 복음
   3) 우리와 함께하시는 성령님

3. 절대 긍정의 실천
   1) 말씀 묵상
   2) 기도 훈련
   3) 긍정적인 언어 선포

제11강 | 절대 긍정

• 핵심 포인트 •

우리는 어떤 상황에서도 하나님만을 전적으로 신뢰하고 하나님의 말씀에 온전히 순종하는 절대 긍정의 신앙을 가져야 합니다.

• 주제말씀 •

"우리가 알거니와 하나님을 사랑하는 자 곧 그의 뜻대로 부르심을 입은 자들에게는 모든 것이 합력하여 선을 이루느니라"

_ 로마서 8장 28절

"무릇 하나님으로부터 난 자마다 세상을 이기느니라 세상을 이기는 승리는 이것이니 우리의 믿음이니라"

_ 요한일서 5장 4절

절대 긍정은 단순한 낙관주의적 사고방식이나 미래에 대한 막연한 기대가 아닙니다. 요행을 바라는 마음이나 더 나은 삶을 위한 방법론도 아닙니다. 절대 긍정은 기독교 신앙의 본질입니다. 성경 속에서 하나님께 귀하게 쓰임 받은 믿음의 위인들은 모두 절대 긍정의 신앙을 소유한 사람들이었습니다. 하나님은 지금도 절대 긍정의 신앙을 소유한 하나님의 사람을 찾고 계십니다.

1. 절대 긍정의 의미

1) 믿음과 절대 긍정

우리가 흔히 사용하는 '긍정적'이라는 단어에는 두 가지 의미가 담겨 있습니다.

첫째, 긍정은 어떤 대상이나 사상에 대해 옳다고 인정하는 것입니다. 이런 의미에서 절대 긍정은 하나님에 대해 전적으로 옳다고 인정하는 신앙의 자세를 말합니다. 하나님은 만물을 창조하신 창조주이시며, 우리를 구원하신 구주이시고, 우리 가운데 함께하시며 만물을 다스리시는 주권자이시라는 사실을 인정하는 것입니다.

잠 3:6 너는 범사에 그를 인정하라 그리하면 네 길을 지도하

시리라

둘째, 긍정은 바람직한 것, 즉 어떤 대상이나 일에 대해 밝고 희망적으로 여기는 것입니다. 이런 의미에서 절대 긍정은 하나님과 하나님이 만드신 세상에서 일어나는 모든 일에 대해서, 또 어떤 환경 속에서도 희망을 발견하는 신앙 자세를 말합니다.

롬 8:28 우리가 알거니와 하나님을 사랑하는 자 곧 그의 뜻대로 부르심을 입은 자들에게는 모든 것이 합력하여 선을 이루느니라

그런데 믿음에는 긍정의 두 가지 요소가 모두 포함되어 있습니다. 우리가 어떤 대상을 믿을 때, 믿음의 대상이 옳다는 것을 인정하며 그 대상을 통해 희망적인 일이 일어나게 될 것을 바라기 때문입니다. 따라서 우리가 하나님을 향한 믿음을 가지면 필연적으로 절대 긍정의 신앙 자세를 갖게 됩니다.

> · 해설 TIP · **마틴 루터 킹 주니어 목사의 연설문**
>
> 마틴 루터 킹 주니어 목사님은 미국 침례회 목사이자 흑인 해방 운동가로 활동했습니다. 그는 당시 흑인에 대한 인종차별이 극심하던 시절에

> 부정적인 현실을 보는 대신 하나님이 주신 꿈을 품었습니다. 1963년 8월 28일, 그가 워싱턴 DC에서 했던 연설문에서 그는 자신의 꿈을 선포했습니다.
>
> "여러분에게 말씀드릴 것이 있습니다. 나의 벗들이여, 어제와 오늘 우리가 고난과 마주할지라도 나는 꿈이 있습니다. 그 꿈은 아메리칸 드림에 깊이 뿌리내린 꿈입니다.
>
> 나에게는 꿈이 있습니다. 언젠가 이 나라가 일어서서 '모든 인간은 평등하게 창조되었다는 것이 자명한 진리로 간주된다.'는 신조의 진정한 의미를 실현해 낼 것이라는 꿈입니다.
>
> 나에게는 꿈이 있습니다. 언젠가는 조지아의 붉은 언덕 위에 옛 노예의 후손들과 옛 주인의 후손들이 형제애의 식탁에 함께 둘러앉는 날이 오리라는 꿈입니다."

2) 무조건적인 신뢰와 순종

절대 긍정의 신앙은 어떤 상황에서도 하나님의 신실하심과 선하심을 신뢰하며 하나님의 말씀에 순종하는 것입니다.

우리는 이 같은 신앙의 자세를 믿음의 조상 아브라함에게서 배울 수 있습니다. 하나님은 아브라함을 부르실 때 아브라함이 어디로 가야 하는지, 앞으로 무엇을 해야 하는지 알려주지 않으셨습니다. 다만 고향과 친척과 아버지의 집을 떠나 하나님이 보여주실 땅으로 가면 큰 민족을 이루게 하시고 복을 주시겠다고 말씀하셨을 뿐입니다(창 12:1-3).

또한 아브라함과 사라는 이미 아이를 낳을 수 있는 나이를 넘어섰지만, 아브라함은 하나님의 약속을 의심하지 않았습니다. 하나님을 전적으로 신뢰하고, 하나님의 말씀에 순종했습니다. 하나님은 아브라함의 믿음을 그의 의로 여기시고(창 15:6), 아들 이삭을 주셨습니다(창 21:3).

하나님을 향한 아브라함의 신뢰와 순종은 여기서 그치지 않습니다. 하나님은 아브라함이 100세에 낳은 아들을 번제로 바치라고 명령하셨습니다. 아브라함은 다음 날 일찍 일어나 하나님이 가라고 하신 모리아 땅으로 이삭과 함께 길을 나섰습니다(창 22:3). 사도 바울은 이러한 아브라함의 믿음과 순종에 대해 다음과 같이 썼습니다.

롬 4:17 기록된 바 내가 너를 많은 민족의 조상으로 세웠다 하심과 같으니 그가 믿은 바 하나님은 죽은 자를 살리시며 없는 것을 있는 것으로 부르시는 이시니라

아브라함은 하나님이 이삭을 죽은 자 가운데서 다시 살리실 것을 믿었습니다. 아브라함의 믿음에는 조금의 의심도 없었습니다. 이것

이 바로 100%의 믿음, 절대 긍정의 신앙입니다.

때때로 우리에게 시련과 고난이 찾아옵니다. 하지만 시련과 고난에는 항상 하나님의 뜻이 있습니다. 현재 우리가 칠흑 같은 어두운 밤을 지나고 있다고 할지라도 하나님이 예비하신 희망의 새 아침이 기다리고 있습니다. 모든 일을 합력하여 선을 이루어 주실 하나님을 신뢰하며 절대 긍정의 신앙으로 나아갈 때 우리는 모든 문제를 이기고 마침내 승리의 삶을 살 수 있습니다.

> 요일 5:4 무릇 하나님으로부터 난 자마다 세상을 이기느니라 세상을 이기는 승리는 이것이니 우리의 믿음이니라

2. 절대 긍정의 근거

절대 긍정은 인간적인 능력이나 의지에서 비롯될 수 없습니다. 인간은 유한하며 상대적인 존재이기 때문입니다. 인간에게 '절대'는 불가능합니다. 그러나 하나님께는 '절대'가 가능합니다. 절대 긍정은 절대적 존재이신 하나님께 근거하는 신앙 자세입니다.

1) 하나님의 변함없는 사랑

하나님은 우리를 사랑하십니다. 하나님은 사랑의 교제를 나누기 위해 우리를 창조하셨고, 우리가 죄 가운데 빠져 하나님을 외면하고 살 때도 여전히 우리를 사랑하셨습니다. 하나님의 사랑이 가장 극명하게 나타난 사건이 예수님의 십자가입니다.

> 요일 4:9 하나님의 사랑이 우리에게 이렇게 나타난 바 되었으니 하나님이 자기의 독생자를 세상에 보내심은 그로 말미암아 우리를 살리려 하심이라

우리를 사랑하시는 하나님은 죄와 절망 가운데 살고 있는 우리를 구원하기 위해 독생자 예수님을 이 땅에 보내주셔서 십자가에 달려 우리의 모든 죄를 짊어지고 돌아가게 하셨습니다. 하나님의 사랑과 은혜로 우리가 구원받은 것입니다.

사실 우리는 하나님께 사랑받을 만한 자격이 없습니다. 그럼에도 하나님이 우리를 먼저 사랑해 주셨습니다. 이 사랑 때문에 우리가 살고 있는 것입니다.

이러한 하나님의 사랑을 깨닫게 되면 우리는 결코 부정적인 사람이 될 수 없습니다. 우리가 이 땅을 살아가는 동안 어려움과 억울한

일을 당하기도 하고, 혹은 모함과 참소를 당하기도 합니다. 그러할 때, '어떻게 내게 이런 일이 일어날 수 있을까!'라며 원망하지 마십시오. 어떤 상황 가운데 있을지라도 하나님이 여전히 우리를 사랑하신다는 사실을 기억하십시오. 하나님의 때가 이르면 우리를 사랑하시는 하나님이 우리를 향한 그의 선한 뜻을 반드시 이루실 것입니다.

2) 예수 그리스도의 복음

예수 그리스도의 복음에는 그 어디에도 부정적인 요소가 없습니다. 그리스도의 복음은 온전한 복음이며 절대 긍정의 메시지에는 은혜와 축복과 생명만이 가득합니다.

> 눅 4:18-19 주의 성령이 내게 임하셨으니 이는 가난한 자에게 복음을 전하게 하시려고 내게 기름을 부으시고 나를 보내사 포로 된 자에게 자유를, 눈 먼 자에게 다시 보게 함을 전파하며 눌린 자를 자유롭게 하고 주의 은혜의 해를 전파하게 하려 하심이라 하였더라

우리는 본래 죄 가운데 태어나서, 죄 가운데 살다가, 죄 가운데 죽을 수밖에 없는 존재였습니다. 그런데 하나님이 우리에게 은혜를 베풀어 주셔서 예수님을 믿게 하시고 살길을 열어주셨습니다. 우리에게 구원의 길, 영생의 길, 은혜의 길, 축복의 길이 열린 것입니다.

> **요 5:24** 내가 진실로 진실로 너희에게 이르노니 내 말을 듣고 또 나 보내신 이를 믿는 자는 영생을 얻었고 심판에 이르지 아니하나니 사망에서 생명으로 옮겼느니라

예수님의 십자가 구원은 고난을 승리로 바꾼 절대 긍정의 근원이라고 할 수 있습니다. 그렇기에 예수님의 십자가 대속과 부활의 능력을 믿는 사람은 어떠한 고난에 처할지라도 낙심하거나 좌절하지 않습니다. 도리어 부활의 소망, 영생의 소망을 마음에 품고 담대히 살아갈 수 있습니다.

3) 우리와 함께하시는 성령님
성령님은 우리와 함께하셔서 우리의 연약함을 도와주시고 우리를 위해 간구하십니다.

> **롬 8:26** 이와 같이 성령도 우리의 연약함을 도우시나니 우리는 마땅히 기도할 바를 알지 못하나 오직 성령이 말할 수 없는 탄식으로 우리를 위하여 친히 간구하시느니라

세상 사람은 대부분 자신의 연약함을 부끄러워하며 감추려고 합니다. 다른 사람보다 부족한 점이 있거나 연약하면 세상에서 뒤처지고 무시당할 수 있다고 생각하기 때문입니다. 하지만 예수님을 믿는

우리는 자신의 연약함 때문에 위축될 이유가 없습니다. 우리에게는 우리의 연약함을 도와주시는 성령님이 계시기 때문입니다. 성령님이 우리의 능력이 되어주십니다.

심지어 우리가 마땅히 기도할 바를 알지 못할 때라도 성령님은 깊은 탄식으로 우리를 위해 기도해 주십니다. 고난으로 괴로울 때마다 우리를 위해 기도하는 성령님이 계신다는 것을 굳게 믿고 흔들림 없이 나아가면, 우리 삶에 하나님의 놀라운 기적의 역사가 나타날 것입니다. 이처럼 우리와 함께하셔서 기적을 행하시는 성령님이 계시기에 우리는 절대 긍정의 신앙으로 나아갈 수 있습니다.

3. 절대 긍정의 실천

절대 긍정의 신앙은 저절로 우리에게 주어지지 않습니다. 절대 긍정의 신앙을 소유해야겠다는 결단이 필요합니다. 또한 절대 긍정의 신앙으로 살아가기 위한 노력과 훈련이 필요합니다.

1) 말씀 묵상

하나님의 말씀은 절대 긍정의 메시지로 가득합니다. 따라서 우리가 하나님의 말씀을 묵상하고 그 말씀에 전적으로 순종할 때, 절대 긍정의 신앙이 우리 마음 가운데 자리 잡게 됩니다.

> **시 1:1-3** 복 있는 사람은 악인들의 꾀를 따르지 아니하며 죄인들의 길에 서지 아니하며 오만한 자들의 자리에 앉지 아니하고 오직 야훼의 율법을 즐거워하여 그의 율법을 주야로 묵상하는도다 그는 시냇가에 심은 나무가 철을 따라 열매를 맺으며 그 잎사귀가 마르지 아니함 같으니 그가 하는 모든 일이 다 형통하리로다

매일 규칙적인 말씀 묵상을 통해 말씀의 능력이 우리의 삶 가운데 뿌리내리도록 훈련해야 합니다. 말씀이 우리의 마음과 생각을 가득 채우면 세상의 부정적이고 비관적인 생각이 들어올 자리가 없어집니다. 전지전능하신 하나님의 말씀이 우리를 절대 절망의 자리에서 절대 긍정의 자리로 이끌어 갈 것입니다.

2) 기도 훈련

날마다 하나님의 말씀을 묵상하면, 하나님이 말씀을 통해 우리에게 거룩한 꿈을 주십니다. 하나님이 주신 거룩한 꿈을 우리 삶 가운데 실현하는 통로가 바로 기도입니다. 하나님이 주신 꿈을 붙들고 기도할 때 놀라운 성령님의 역사가 나타나게 됩니다.

렘 33:3 너는 내게 부르짖으라 내가 네게 응답하겠고 네가 알지 못하는 크고 은밀한 일을 네게 보이리라

또한 우리는 기도를 통해 하나님과 인격적인 교제를 나눌 수 있습니다. 우리가 기도하며 소원을 하나님께 아뢰면 하나님이 들으시고 응답해 주십니다. 만일 삶 속에서 문제와 고통에 시달린다면 먼저 기도 생활을 점검해 봐야 합니다. 하나님의 도우심이 필요할 때, 말할 수 없는 절망 속에 있을 때 간절히 기도하면 하나님이 희망의 응답을 주십니다.

시 34:6 이 곤고한 자가 부르짖으매 야훼께서 들으시고 그의 모든 환난에서 구원하셨도다

3) 긍정적인 언어 선포

하나님은 우리가 일상생활에서 하는 말들을 다 듣고 계십니다. 그렇기에 우리는 우리의 입술에서 부정적인 말, 불평의 말, 원망의 말을 버려야 합니다.

시 94:9 귀를 지으신 이가 듣지 아니하시랴 눈을 만드신 이가 보지 아니하시랴

하나님은 부정적인 말을 하는 사람을 통해서는 역사하시지 않습니다. 이는 가나안에서 돌아와 보고하는 열두 명의 정탐꾼의 이야기를 통해서도 확인할 수 있습니다.

여호수아와 갈렙을 제외한 열 명의 정탐꾼은 가나안 원주민이 강하기 때문에 그들을 치지 못할 것이라고 말하며, 가나안 땅에 대해 악평했습니다(민 13:31-33). 가나안은 하나님이 약속하신 땅이었으나, 열 명의 정탐꾼에게는 하나님에 대한 절대 긍정의 신앙이 없었기에 두려움을 갖고 그 땅을 포기한 것입니다.

그러나 여호수아와 갈렙은 달랐습니다. 그들은 열 명의 정탐꾼의 부정적이고 믿음이 없는 말을 듣고 옷을 찢으며 분노했습니다. 그리고 가나안은 아름다운 땅이며 하나님이 그 땅을 주실 것이라고 말했습니다.

> **민 14:7-8** 이스라엘 자손의 온 회중에게 말하여 이르되 우리가 두루 다니며 정탐한 땅은 심히 아름다운 땅이라 야훼께서 우리를 기뻐하시면 우리를 그 땅으로 인도하여 들이시고 그 땅을 우리에게 주시리라 이는 과연 젖과 꿀이 흐르는 땅이니라

이 모든 대화를 들으신 하나님은 "내 귀에 들린 대로 내가 너희에

게 행하리니"(민 14:28)라고 말씀하셨습니다. 불평하며 하나님을 원망한 사람들은 하나님의 심판을 받아 결국 가나안에 들어가지 못했습니다. 그리고 하나님의 약속을 신뢰하고 가나안 정복이 가능하다고 선포한 여호수아와 갈렙만이 가나안에 들어갈 수 있었습니다.

우리는 매사에 하나님을 신뢰하며 절대 긍정을 선포해야 합니다. 절대 긍정의 언어는 하나님이 우리의 삶을 다스리시는 기준이 됩니다. 절대 긍정의 언어는 우리를 하나님의 축복으로 이끌어 갑니다. 절대 긍정의 언어를 생활화하고 다른 사람에 대해서도 긍정적으로 말하는 습관을 훈련하면, 예수님 안에서 참된 행복과 평안을 누리게 될 것입니다.

하나님이 주신 거룩한 꿈을 이루고, 고난을 이겨내고, 영적 전쟁에서 승리하는 비결은 절대 긍정의 신앙에 있습니다. 하나님은 지금 절대 긍정의 신앙을 가진 사람들을 찾고 계십니다. 날마다 절대 긍정의 신앙으로 나아갈 때, 하나님의 나라가 확장되는 현장에 위대한 발자취를 남기는 순복음의 성도가 될 것입니다.

· 해설 TIP · 『내 눈에는 희망만 보였다』

한국의 시각 장애인 1호 박사 강영우 박사님은 홀어머니 밑에서 자랐습니다. 15살에 축구공에 맞아 시각을 잃고 그 충격으로 어머니가 돌아가셨고, 곧이어 어머니 대신 자기 손을 잡고 이끌어 주던 누나마저 세상을 떠났습니다. 그런데 그 누나가 세상을 떠나기 전에 자기를 데려다주었던 곳이 대조동 천막 교회였다고 합니다. 거기서 조용기 목사님에게 기도를 받았는데 그때 영의 눈을 뜨게 되었습니다. 영의 눈을 통해 깊고 깊은 절망의 밤에서 희망의 새벽을 바라볼 수 있게 된 것입니다. 이후 강영우 박사님은 하나님의 은혜로 연세대학을 졸업하고 미국 피츠버그 대학에 가서 박사 학위를 받고 미국의 대학교수가 되었습니다. 부시 대통령 때는 장애인 정책 차관보가 되어서 7년 동안 귀한 사역을 감당했습니다. 그러다 2012년 췌장암으로 생을 마감하고 하나님의 품에 안겼습니다. 이후 그의 자서전이 출간되었는데 그 제목이 『내 눈에는 희망만 보였다』입니다. 이 책에 실린 그의 메시지입니다.

"장애는 불편함일 수는 있어도 불완전함은 아니다. 당신을 지배하는 생각의 장애, 마음의 장애, 영의 장애를 뛰어넘으라. 나의 장애보다 크신 하나님을 바라볼 때 희망은 이뤄진다."

· 적용을 위한 질문 ·

1. 절대 긍정의 신앙을 갖기 위해 내가 실천해야 할 일은 무엇인가요?

   ....

   ....

   ....

   ....

2. 하나님이 나에게 주신 거룩한 꿈은 무엇인가요? 그 꿈을 이루기 위해 나는 어떤 노력을 하고 있나요?

   ....

   ....

   ....

   ....

"범사에 감사하라 이것이 그리스도 예수 안에서 너희를 향하신 하나님의 뜻이니라"
- 데살로니가전서 5장 18절

제12강

절대 감사

---

1. 절대 감사의 의미
  1) 믿음과 절대 감사
  2) 범사에 감사

2. 절대 감사의 근거
  1) 생명을 주심에 감사
  2) 구원해 주심에 감사
  3) 복을 주심에 감사

3. 절대 감사의 실천
  1) 감사의 고백
  2) 감사의 습관
  3) 감사의 찬양

제 12 강 | 절대 감사

• 핵심 포인트 •

우리는 모든 상황 속에서 믿음으로 절대 감사를 고백하고 하나님께 영광 올려드려야 합니다.

• 주제말씀 •

"범사에 감사하라 이것이 그리스도 예수 안에서 너희를 향하신 하나님의 뜻이니라"

_ 데살로니가전서 5장 18절

"감사로 제사를 드리는 자가 나를 영화롭게 하나니 그의 행위를 옳게 하는 자에게 내가 하나님의 구원을 보이리라"

_ 시편 50편 23절

이 세상에 100% 만족스러운 삶은 없습니다. 사람이 살다 보면 늘 부족한 것이 있습니다. 그러다 보니 세상 사람들은 감사보다 원망과 불평하는 것이 빠릅니다. "왜 이것도 없고 이것도 없냐. 사는 게 힘들어 죽겠다. 못 살겠다. 문제가 많다."라며 불만을 터트립니다. 그러나 예수님을 믿는 사람은 없는 것을 바라보지 말고, 있는 것을 바라보며 감사해야 합니다. 나에게 있는 작은 것에도 감사하며 주님께 감사의 찬양을 드려야 합니다.

1. 절대 감사의 의미

성도의 삶은 감사의 삶이 되어야 합니다. 모든 것이 잘될 때만 감사하는 것이 아니라 힘들고 어려운 일이 다가올 때, 문제가 생겼을 때, 몸이 아플 때도 감사드리는 것이 성숙한 신앙인의 모습입니다.

1) 믿음과 절대 감사

감사는 믿음의 척도입니다. 믿음이 아직 초보 단계에 있는 사람은 좋은 일이 있을 때는 감사하고, 힘들고 어려운 일이 다가올 때는 불평합니다. 자기 삶의 상황에 따라 태도가 바뀌는 것입니다. 반면 믿음이 성숙한 사람은 어떤 형편에도 감사합니다. 어려운 일이 다가오고 억울한 일을 당해도, 괴롭고 슬픈 일이 있어도 하나님의 은혜로 잘

이겨낼 것을 믿으며 감사하는 삶을 살게 되는 것입니다.

이처럼 감사는 환경의 문제가 아니라 믿음의 문제입니다. 자신의 생활 속에 감사가 넘치지 못한 것은 자기의 상황과 여건이 타인보다 나빠서가 아니라 자신의 믿음이 작기 때문인 것을 깨달아야 합니다. 그렇기에 우리는 하나님께 감사할 수 있는 여건을 구하기 전에 감사할 수 있는 믿음을 달라고 기도해야 합니다.

우리가 하나님께 드리는 믿음의 행위, 즉 예배, 기도, 찬양, 봉사, 헌신 등은 모두 감사하는 마음에서 비롯되어야 합니다.

골 3:16 그리스도의 말씀이 너희 속에 풍성히 거하여 모든 지혜로 피차 가르치며 권면하고 시와 찬송과 신령한 노래를 부르며 감사하는 마음으로 하나님을 찬양하고

하나님은 원망하며 불평하고, 부정적인 사람을 기뻐하지 않으십니다. 현재 자신에게 있는 것에 감사하지 않고 없는 것을 보며 불평한다면 우리의 믿음은 성장할 수 없습니다. 오히려 우리 삶에 어려움만 다가오게 됩니다.

따라서 하나님을 기쁘시게 하는 믿음의 사람으로 살기 위해서는

언제나 예수님의 십자가를 붙잡고 말씀 위에 굳게 서서 하나님께 감사로 나아가야 합니다. 우리가 감사하면 할수록 은혜와 축복이 임하고, 우리의 믿음이 날로 성장하게 되는 것입니다.

2) 범사에 감사

감사는 하나님의 명령입니다. 특히 하나님은 사도 바울을 통해 성도에게 "범사에 감사하라"라고 명하셨습니다.

> **살전 5:16-18** 항상 기뻐하라 쉬지 말고 기도하라 범사에 감사하라 이것이 그리스도 예수 안에서 너희를 향하신 하나님의 뜻이니라

여기서 '범사'라는 헬라어 '엔 판티'는 '모든 것에'라는 의미입니다. 영어 성경에서는 이를 "모든 환경에서"(NIV: in all circumstances)라고 번역했습니다. 그렇기에 하나님이 명하시는 감사는 우리가 처한 상황이나 환경을 초월하여 감사하는 것입니다. 따라서 "범사에 감사하라"라는 하나님의 명령에 순종하기 위해 우리는 절대 감사의 신앙을 실천해야 합니다.

절대 감사의 신앙을 실천했던 대표적인 인물이 바로 사도 바울입니다. 사도 바울은 예수님을 만난 후 이스라엘뿐만 아니라 소아시아

와 유럽을 다니며 복음을 전했는데, 그 과정에서 온갖 고난과 핍박을 당했습니다. 감옥에 갇히고 사십에 하나 감한 매를 다섯 번이나 맞았으며, 바다와 광야에서의 위험과 강도의 위험을 겪고, 배고픔과 목마름과 추위에 시달리며 여러 번 죽을 고비를 지나왔습니다(고후 11:23-27). 그런데 그는 "내게 능력 주시는 자 안에서 내가 모든 것을 할 수 있느니라"(빌 4:13)라고 고백하며 주님이 주시는 힘으로 모든 고난을 극복했습니다.

심지어 사도 바울은 감옥에 갇혀 있는 상황 속에서도 오히려 빌립보교회의 성도들을 위로하며 아무것도 염려하지 말고 감사하라고 권면했습니다.

> **빌 4:6-7** 아무 것도 염려하지 말고 다만 모든 일에 기도와 간구로, 너희 구할 것을 감사함으로 하나님께 아뢰라 그리하면 모든 지각에 뛰어난 하나님의 평강이 그리스도 예수 안에서 너희 마음과 생각을 지키시리라

고난을 이길 힘은 '절대 감사'입니다. 우리는 고난이 다가올 때 원망하거나 불평하지 말고 감사함으로 기도해야 합니다. 칠흑같이 어둡고, 아무런 희망이 보이지 않는 상황 가운데 있더라도 절대 낙심하거나 좌절하면 안 됩니다. 원망과 불평은 아무것도 바꿀 수 없지만,

감사함으로 구하는 기도는 고난을 축복으로 바꿀 수 있습니다. 그러므로 매일의 삶 속에서 절대 감사의 신앙을 실천하는 우리 모두가 되길 바랍니다.

> **· 해설 TIP ·** **'감사'에 대한 성경 용어**
>
> 구약에서 '감사'로 쓰인 히브리어 단어는 '야다'입니다. 이 단어는 일차적으로 '인정하다, 고백하다'라는 의미가 있는데 개인이나 공동체의 죄를 고백하고 회개할 때 사용되었습니다(시 32:5; 단 9:20). 또한 '야다'라는 말에는 '찬양하다, 감사하다'라는 의미도 담겨 있어서, 구원해 주시는 하나님의 은혜에 대한 감사의 고백으로 사용되었습니다(삼하 22:50; 시 106:1).
>
> 신약 성경에서 '감사'의 의미로 사용되는 헬라어는 '유카리스테오'입니다. 여기서 '유카리스테오'는 '매우'라는 뜻의 '유'와 '은혜'라는 뜻의 '카리스'의 합성어로 은혜가 매우 풍성한 상태를 뜻하며, 하나님이 우리에게 주신 은혜로 인해 기쁜 마음을 표현하는 것이라 할 수 있습니다(고전 1:4).

2. 절대 감사의 근거

세상 사람들은 '무엇' 때문에 감사합니다. 그렇기에 감사의 이유였던 그 무엇이 없어지면 감사도 사라집니다. 이러한 감사는 상대적인 감사입니다. 반면 크리스천이 드리는 감사는 환경과 조건을 초월하는 절대 감사입니다.

1) 생명을 주심에 감사

생명의 근원은 하나님께 있습니다. 하나님이 우리에게 생명을 주시지 않았다면, 지금 우리의 생명을 보존해 주시지 않는다면, 우리는 살아있을 수조차 없습니다. 그렇기에 우리는 먼저 생명을 주신 하나님께 감사해야 합니다.

욥은 다복한 가정, 사회적 명예와 재물 등으로 윤택한 삶을 살았습니다. 그런데 사탄의 시험을 받아 하루아침에 자식을 잃고, 재산을 잃고, 건강도 잃었습니다. 아내는 그를 원망하며 떠났고 친구들은 그를 정죄했습니다. 이처럼 하루아침에 절망의 밑바닥에 떨어졌지만, 욥은 하나님께 원망하거나 불평하지 않았습니다. 욥은 주신 분도, 거두시는 분도 모두 하나님이시라고 고백했습니다.

> **욥 1:21** 이르되 내가 모태에서 알몸으로 나왔사온즉 또한 알몸이 그리로 돌아가올지라 주신 이도 야훼시요 거두신 이도 야훼시오니 야훼의 이름이 찬송을 받으실지니이다 하고

이처럼 우리가 절망적인 상황 가운데 있더라도 감사할 수 있는 이

유는 하나님이 우리에게 생명을 주셨기 때문입니다. 생명을 주신 은혜만으로도 우리는 하나님께 감사해야 합니다.

2) 구원해 주심에 감사

인간은 본래 죄 가운데 태어나 죄를 지으며 살다가 죄 때문에 죽습니다. 이것이 타락한 인간의 운명입니다. 그러나 우리는 예수님을 믿음으로써 예수님의 보혈에 힘입어 죄 사함을 받고 하나님 앞에서 의롭다고 인정받게 되었습니다.

하나님이 우리에게 허락하신 구원의 은혜는 값싼 은혜가 아닙니다. 하나님은 죄 많은 우리를 대신하여 그의 아들 예수 그리스도를 죽음에 내어주시는 엄청난 대가를 치르셨습니다. 그야말로 갚으려야 갚을 수 없는 은혜입니다.

더욱이 우리가 구원받을 만한 자격이 있어서 구원받은 것이 아닙니다. 하나님이 무조건적인 은혜로 우리를 택하여 구원해 주신 것입니다. 이 같은 구원의 은혜에 우리는 한평생 감사해야 할 것입니다. 하박국 선지자의 고백처럼 우리도 구원의 하나님으로 말미암아 즐거워하고 기뻐해야 합니다.

합 3:17-18 비록 무화과나무가 무성하지 못하며 포도나무에 열매가 없으며 감람나무에 소출이 없으며 밭에 먹을 것이 없으며 우리에 양이 없으며 외양간에 소가 없을지라도 나는 야훼로 말미암아 즐거워하며 나의 구원의 하나님으로 말미암아 기뻐하리로다

> **• 해설 TIP •** **화니 제인 크로스비의 감사**
>
> 위대한 찬송 작가인 화니 제인 크로스비는 생후 6주가 되었을 때 눈병을 앓았는데, 그때 잘못된 시술로 각막에 치명적인 손상을 입었습니다. 그로 인해 그녀는 평생 앞을 볼 수 없게 되었습니다.
>
> 그녀는 비록 시력을 잃었지만, 그 모든 일이 하나님의 축복과 섭리라고 고백했습니다. 앞을 보지 못하는 그녀가 주님의 사랑과 은혜에 감사하는 마음을 담아 쓴 찬송시만 약 9천 편에 달합니다. 누군가 그녀에게 "당신이 처한 상황은 절망할 수밖에 없고, 원망하고 불평할 수밖에 없는데 어떻게 감사의 삶을 살 수 있습니까?" 하고 물었습니다. 그때 크로스비는 이렇게 대답했습니다.
>
> "감사의 조건들은 아주 많습니다. 제가 크리스천이라는 단 한 가지 이유만으로도 저는 충분히 감사할 수 있습니다."

3) 복을 주심에 감사

우리를 구원해 주신 하나님은 또한 우리에게 복 주시는 좋으신 하

나님이십니다. 먼저 하나님은 온 우주만물을 지으신 후에 아담과 하와를 지으시고 복을 주셨습니다(창 1:28). 아브라함을 택하셔서 복이 되게 하셨고(창 12:2), 야곱을 축복하셨으며(창 32:29), 요셉에게 형통의 복을 주셨습니다(39:3, 23).

하나님이 모세를 통해 명하신 이스라엘 자손을 위한 축복기도에는 복 주시기 원하는 하나님의 마음이 잘 담겨 있습니다.

> 민 6:24-26 야훼는 네게 복을 주시고 너를 지키시기를 원하며 야훼는 그의 얼굴을 네게 비추사 은혜 베푸시기를 원하며 야훼는 그 얼굴을 네게로 향하여 드사 평강 주시기를 원하노라 할지니라 하라

하나님은 우리에 복 주시기를 원하십니다. 부요의 복을 주시고 건강의 복, 평강의 복을 주길 원하십니다. 물론 예수님을 믿고 하나님의 자녀가 되었다고 해서 일평생 고난과 슬픔, 질병, 아픔을 겪지 않는 것은 아닙니다. 그러나 하나님이 우리에게 허락하신 복을 세어본다면 우리는 눈에 보이는 환경이 비록 고통스러울지라도 감사할 수 있습니다.

매일 일용할 양식을 주심에 감사하고, 입을 옷을 주심에 감사하고,

가족을 주심에 감사하고, 일할 수 있음에 감사하고, 나를 여기까지 인도하신 은혜에 감사해야 합니다. 그래서 시편 기자는 "내게 주신 모든 은혜를 무엇으로 보답할까"라고 고백하고 있습니다.

> **시 116:12-14** 내게 주신 모든 은혜를 내가 야훼께 무엇으로 보답할까 내가 구원의 잔을 들고 야훼의 이름을 부르며 야훼의 모든 백성 앞에서 나는 나의 서원을 야훼께 갚으리로다

혹시 하나님의 은혜와 축복은 당연한 것으로 여기고, 힘들고 괴로운 일만 헤아리면서 살고 있지는 않나요? 이제부터라도 생각을 바꾸고 나에게 있는 것, 하나님께 받은 복을 헤아려서 감사를 실천해 보기 바랍니다. 감사가 내 인생을 바꿀 것입니다.

3. 절대 감사의 실천

우리는 "범사에 감사하라"라는 하나님의 뜻에 순종하여 절대 감사를 실천해야 합니다. 절대 감사가 습관이 되도록, 절대 감사가 나의 삶의 방식이 되도록 훈련해야 합니다. 그러할 때 하나님은 순종하는 우리를 반드시 축복하시고 사용하실 것입니다.

1) 감사의 고백

감사는 표현하는 것입니다. 아무리 감사의 마음이 있다고 할지라도 표현하지 않으면 상대가 그 마음을 알지 못합니다. 비록 하나님은 우리의 깊은 곳까지도 다 아시는 분이시지만, 그럼에도 우리의 입술을 통해 감사의 고백을 듣길 원하십니다.

누가복음 17장을 보면 예수님이 예루살렘으로 가실 때에 사마리아와 갈릴리 사이로 지나가시다가 한센병 환자 열 명을 만나게 됩니다. 예수님은 그들을 불쌍히 여기시고 "가서 제사장들에게 너희 몸을 보이라"라고 말씀하셨습니다. 이때 그들이 제사장에게 가는 도중에 병 고침을 받았다는 것을 깨닫게 됩니다. 그런데 한센병을 치료받은 열 명 중에 단 한 사람, 사마리아 사람만이 예수님께 감사를 표현하기 위해 돌아왔습니다.

> **눅 17:15-18** 그 중의 한 사람이 자기가 나은 것을 보고 큰 소리로 하나님께 영광을 돌리며 돌아와 예수의 발 아래에 엎드리어 감사하니 그는 사마리아 사람이라 예수께서 대답하여 이르시되 열 사람이 다 깨끗함을 받지 아니하였느냐 그 아홉은 어디 있느냐 이 이방인 외에는 하나님께 영광을 돌리러 돌아온 자가 없느냐 하시고

우리는 하나님께 감사를 표현하고 있나요? 하나님께 마땅히 드려야 할 감사를 잊고 있진 않나요? 우리도 사마리아 사람처럼 하나님께 감사의 고백을 드려야 합니다. 우리의 입술로 감사를 고백하며 하나님께 감사의 찬양을 올려드려야 합니다. 하나님이 우리에게 베푸신 은혜에 감사드리며 "내 호흡이 다하는 그날까지 감사하며 살겠습니다."라고 고백하는 우리 모두가 되길 바랍니다.

> **· 해설 TIP ·** **손양원 목사의 10가지 감사 고백**
>
> 손양원 목사님은 여수·순천 사건 때에 자신의 두 아들을 죽인 청년을 용서하며 자기 양아들로 삼았습니다. 그리고 두 아들의 장례식에서 10가지 감사의 고백을 했습니다.
>
> "첫째, 나 같은 죄인의 혈통에서 순교의 자식들을 나오게 하셨으니 하나님 감사합니다.
>
> 둘째, 허다한 많은 성도 중에 어찌 이런 보배를 주께서 하필 내게 맡겨 주셨는지 그 점 또한 주님 감사합니다.
>
> 셋째, 3남 3녀 중에서 가장 아름다운 두 아들 장자와 차자를 바치게 된 나의 축복을 하나님 감사합니다.
>
> 넷째, 한 아들의 순교도 귀하다 하거늘 하물며 두 아들의 순교이리요, 하나님 감사합니다.

> 다섯째, 예수 믿다가 누워 죽는 것도 큰 복이라 하거늘 하물며 전도하다 총살 순교 당함이리요, 하나님 감사합니다.
>
> 여섯째, 미국 유학 가려고 준비하던 내 아들, 미국보다 더 좋은 천국 갔으니 내 마음이 안심되어 하나님 감사합니다.
>
> 일곱째, 나의 사랑하는 두 아들을 총살한 원수를 회개시켜 내 아들 삼고자 하는 사랑의 마음 주신 하나님 감사합니다.
>
> 여덟째, 내 두 아들 순교로 말미암아 무수한 천국의 아들들이 생길 것이 믿어지니 우리 하나님 감사합니다.
>
> 아홉째, 이 같은 역경 중에서 이상 여덟 가지 진리와 하나님 사랑을 찾는 기쁜 마음, 여유 있는 믿음 주신 우리 주 예수 그리스도께 감사합니다.
>
> 끝으로 나에게 분수에 넘치는 과분한 큰 복을 내려주신 하나님께 모든 영광을 돌립니다."

2) 감사의 습관

감사는 습관이 되어야 합니다. 오늘날 우리 사회는 감사에 인색합니다. 많은 이들이 불평은 빠르고 감사는 더디기만 합니다. 우리도 예수님을 믿기 전에는 세상 사람들과 똑같이 쉽게 불평하고 원망했을지라도, 예수님을 믿고 난 후에는 절대 감사의 삶을 살아야 합니다.

사도 바울은 로마 감옥에 갇혀 있으면서도 골로새교회의 성도들에게 편지하면서 감사를 넘치게 하라고 권면했습니다.

> **골 2:6-7** 그러므로 너희가 그리스도 예수를 주로 받았으니 그 안에서 행하되 그 안에 뿌리를 박으며 세움을 받아 교훈을 받은 대로 믿음에 굳게 서서 감사함을 넘치게 하라

여기서 '넘친다'라는 것은 '강물이 제방을 넘쳐흐른다'라는 뜻으로 멈춰있는 것이 아니라 계속해서 흐르는 상태를 가리킵니다. 마치 강물이 흘러넘치듯이 우리 삶에도 감사가 흘러넘쳐야 합니다. 하루만 감사하고 마는 것이 아니라, 매일매일 감사함으로써 감사의 습관을 지녀야 합니다.

감사가 습관이 되려면 먼저 불평과 부정적인 생각을 물리쳐야 합니다. 그리고 우리의 주변을 돌아보며 작은 것에서부터 감사하기를 실천해야 합니다. 사실 감사하기로 마음을 먹고 주위를 돌아보면 우리 삶에 감사할 것들을 많이 발견하게 됩니다. 감사는 하나님이 숨겨놓으신 보물을 찾는 것과 같습니다. 그렇게 하나하나 보물을 찾으면서 하나님께 감사를 드릴 때 우리는 하나님의 기적을 경험하게 되고 행복한 삶을 살아갈 수 있습니다.

3) 감사의 찬양

하나님께 감사와 찬송을 드리는 것은 크리스천의 본분입니다. 우리가 감사와 찬양의 고백을 하나님께 올려드릴 때 절망이 변하여 희망이 되고, 슬픔이 변하여 기쁨이 되고, 저주가 변하여 축복이 됩니다.

> 시 50:23 감사로 제사를 드리는 자가 나를 영화롭게 하나니 그의 행위를 옳게 하는 자에게 내가 하나님의 구원을 보이리라

감사하는 자가 하나님의 축복과 은혜를 누릴 수 있습니다. 하나님이 우리에게 축복을 예비하셨어도 우리가 원망하고 불평하면 그 축복을 소유할 수가 없습니다. 하나님의 복을 받아 누리려면 먼저 감사하는 사람이 되어야 합니다.

사도행전 16장을 보면 바울과 실라가 빌립보에서 복음을 전하다가 붙잡혀서 감옥에 갇히게 됩니다. 그러나 이때 바울과 실라는 불평하거나 하나님을 원망하지 않았습니다. 그들은 감옥에서 하나님을 찬송했습니다.

> 행 16:25 한밤중에 바울과 실라가 기도하고 하나님을 찬송하매 죄수들이 듣더라

바울과 실라의 기도와 찬양의 고백을 들으신 하나님은 기적을 행하셨습니다. 옥터가 흔들리고 닫혔던 문이 열리며 손과 발에 매인 것이 모두 풀어졌습니다. 이처럼 우리가 하나님께 감사와 찬양을 올려드릴 때 기적이 일어납니다. 우리가 고난 중에도 절대 감사의 신앙으로 나아갈 때 절망의 옥터가 흔들리고, 문제의 문들이 열리고, 우리를 묶고 있는 흉악의 결박이 풀어지는 것입니다. 감사할 수 없는 상황에서도 감사할 때 회복의 역사가 일어납니다.

우리가 감사함으로 하나님 앞에 나아갈 때 하나님이 기뻐하시고 영광을 받으십니다. 우리의 삶에는 앞으로도 감사하지 못할 일들이 다가올 수 있습니다. 그러한 환경 속에서도 감사로 나아가는 신앙, 절대 감사의 신앙이 하나님의 마음을 감동케 할 것입니다.

우리의 감사는 환경에 따라 드리는 감사가 아닙니다. 우리의 감사는 절대 감사, 무조건 감사, 한평생 감사가 되어야 합니다. 감사 안에 기쁨이 있고, 감사 안에 평화가 있습니다. 감사 안에 사랑이 있고, 감사 안에 회복이 있습니다. 감사가 믿음의 척도이며 능력임을 기억하고, 주님 오시는 그날까지 넘치는 감사로 기적의 삶을 살아가는 우리가 되기를 바랍니다.

• 적용을 위한 질문 •

1. 절대 감사의 신앙은 매일, 작은 것부터 실천하는 것이 중요합니다. 감사할 것들을 헤아려 보고 감사의 고백을 적어보세요.

   ....

   ....

   ....

   ....

2. 고난이 다가왔을 때 절망하지 않고 절대 감사의 신앙으로 극복했던 경험이 있나요? 그때의 경험에 대해 적어보세요.

   ....

   ....

   ....

   ....

순복음의 12대 핵심진리

이영훈 지음

초판 1쇄 발행 2024년 9월 20일
초판 4쇄 발행 2025년 9월 19일

발 행 인   이영훈
발 행 처   서울말씀사

출판등록   제2016-000172호
주   소   서울시 영등포구 은행로 55, 5층
전   화   02-846-9222
팩   스   02-846-9225

ISBN 978-89-8434-910-0

*책값은 뒤표지에 있습니다.

이 책은 저작권법에 따라 보호받는 저작물이므로
무단 전재와 복제를 금합니다